JN215994

1秒で「気がきく人」がうまくいく

One second's consideration for other
would make big change

客室乗務員12年
マナー講師
松澤萬紀

ダイヤモンド社

はじめに

ＡＮＡ客室乗務員12年。５００万人のお客様から学んだ、「気がきく人」の１秒の習慣とは？人間関係・仕事・お金・人生の悩みが解決する

私は、ＡＮＡの客室乗務員（以下ＣＡ：キャビン・アテンダント）として、12年間在籍し、地球３７０周分、５００万人以上のお客様のご対応をさせていただきました。

また、ＣＡを辞めて、マナー講師になってからも、経営者、著者の先生方、芸能関係、他社の航空関係の方々など、多くの優秀な方々から、たくさんの学びをいただきました。

その業界で、ダントツの成果を上げている方々に共通していたのは、ほんの一瞬、ほんの「1秒」という短い時間の中で判断をくだし、非常に「気がきく習慣」を、いつも実行されているということです。

99％の人がやっていないことですが、やろうと思えば誰でも実行できるたった「1％の習慣」であり、たった「1秒」意識することではじめられる習慣なのです。

先日、ファーストクラスを担当している友人のCA数人に、「どんなお客様に魅力を感じるか？」と尋ねたことがあります。

彼女たちは、そろって「同じ答え」を口にしました。

何と答えたと思いますか？　正解は、

「きちんと、挨拶をしてくださるお客様」

です。たとえば、日本を代表する俳優であった高倉健さん。CAが「ご搭乗ありがとうございます」と挨拶をしたところ、高倉健さんは、わざわざ席を立って、「こちらこそ、ありがとうございます」と丁寧に挨拶を返してくださったそうです。

たった「1秒」の挨拶のために、席を立ってくださった高倉健さんの誠実さに、友人のCAは、大きな感動を覚えたといいます。

私が、テレビ「はなまるマーケット」（TBS）に、生出演させていただいたとき、とても印象に残る挨拶をしてくださった出演者がいます。

薬《やく》丸《まる》裕《ひろ》英《ひで》さんと、いとうあさこさんです。

私がスタジオに入ったのは、出演の数分前でした。コマーシャルの間に「松澤さん、入ってください」と声をかけられ、私はそこではじめて、出演者の方々と対面しました。

コマーシャルが終わるまで30秒ほどしかありませんでしたが、出演者のみなさんに「松澤と申します。よろしくお願いいたします」と挨拶をしました。

みなさん、笑顔で「よろしくお願いします」と返してくださったのですが、時間が差し迫っているため、「台本で進行を確認しながら」挨拶を返す方もいらっしゃいました。生放送ですから、無理もありません。

ところが、薬丸裕英さんと、いとうあさこさんは、心に残る素敵な挨拶を返してくださいました。

お2人の挨拶は、きちんと私に体を向け、私の目を見て、「こちらこそ、よろしくお願いします」と、とても丁寧に頭を下げてくださったのです。私を受け入れてくださっていることが伝わり、気持ちを落ち着かせて出演することができました。

秒単位で進行するテレビの生放送にあって、貴重な「1秒」を私に捧げてくださったことがとても嬉しく、私はすっかり2人のファンになりました。

「小さいことほど丁寧に、当たり前のことほど真剣に」

私が、まだ新人CAだったとき、ANAのB先輩から、「小さなことにこそ、心を込める」ことの大切さを教えていただいたことがあります。

エコノミークラスでは、ひとりのＣＡで約50人のお客様を受け持つことになります。するとお客様の人数が多いため、どうしても効率を考えてしまうときがあります。機内でお飲み物をお渡しするときも、つい、流れ作業になりがちです。そんなとき、Ｂ先輩にこう言われました。

「このオレンジジュースが『特別』だと思われるくらいの渡し方をしなさい」

つまり、「一回一回に、心を込めなさい」という意味です。思いを込めても、込めなくても、オレンジジュースの味に変わりはないと思われるかもしれませんが、その後、心を込めてお渡しするようになると、不思議と「おいしかった」と言われる回数が多くなったのです。

ＡＮＡには、「小さいことほど丁寧に、当たり前のことほど真剣に」

という言葉があります。

意識さえしないような「小さいこと」「当たり前のこと」を普段から真剣に取り組んでいれば、やがては大きな信頼につながります。

反対に、「小さいこと」「当たり前のこと」を、ないがしろにしたとたん、信頼は損なわれてしまいます。

「思い」は目に見えない。けれど必ず相手に伝わる

「研修」や「講演会」に登壇したあとは、大きな達成感とともに、大きな疲労感が残ります。数十人～数百人を前に、全力を出し切って、魂が抜けるような思いをすることがあります。

「こんなに疲れるのは、今の仕事が自分に向いていないからではないか」と悩み、TBSラジオの『ラジオパープル「柴田アナの秀一ひとつまみ」』に出演させていただ

いたあと、アナウンサーの柴田秀一さんに相談をしたことがありました。

すると、柴田さんは「松澤さん、それが普通です。アナウンサーは、私の場合、15分のニュースを読むだけでも、立てなくなるくらい疲れました。**人に何かを伝えるときは、一瞬一瞬に込める思いの強さが大事なんですよ**。思いを込めなければ、なにごとも、伝わりません」と教えてくださいました。

「松澤さんがクタクタに疲れるのは、思いを込めることができた結果であって、向いていないどころか、むしろ向いているからですよ」と背中を押してくださいました。

「思い」は目に見えません。でも、表情、態度、話し方、声の大きさにあらわれて、必ず相手に伝わります。

だから、一瞬一瞬に思いを込める。「小さいこと」「当たり前のこと」にこそ心を込める。それが「プロの仕事」だと私は思います。

100人にひとり、機内のトイレをピカピカにするお客様

「見えないところにも気がきく人」とは、「他の人が気にかけないところにも気を配る」ということでもあります。「見えないところ」「見せないところ」に気を配れる人が、結果的には、人の心を惹きつけるのではないでしょうか。

CAは、こまめに「ラバトリー・チェック（化粧室の監視、見張り、清掃）」を行います。「化粧室に不審物はないか」「タバコを吸っている人はいないか」「気分が悪くなって倒れている人はいないか」といった保安業務とともに、お客様に快適にご使用していただくために、トイレを常に清潔にしています。

ときおり、「汚い使い方」をされるお客様がいて、ビックリしたことがありました。そんなとき、トイレを汚したままにできるのは、「次に使う人のことを考えていないのかな」という印象を受けました。

一方で、CAが掃除をする必要もないほど、化粧室をキレイに使ってくださるお客様がいます。トイレットペーパーが「三角」に折られていて、洗面台の水ハネや水滴まで拭き取られています。洗面台までキレイにしてから化粧室を出るお客様は、私の経験上、100人にひとりくらい＝「1％」です。

こうした1％の人（100人にひとりの人）は、トイレに限らず、きっと「他の人が気にかけないところにも気を配れる人」です。「次の人が気持ちよく使えるようにしよう」という心配りがあるばかりか、機内のトイレを「自分の家のトイレと同じ」だと意識しながら使っている気がしました。

「自分の家と同じ」と心がけていれば、汚したままにはできないはずです。「次に使う家族のために、キレイにしてから出よう…」と思うのではないでしょうか。

私がマナー講師の養成学校に通っていたとき、先生がこんな質問をしました。

「この中で、普段、外でおトイレに入ったとき、『次の人が気持ちよく使えるように、キレイにしてから出よう』と心がけて、何かをしている人は手を上げて！」

私は、そのときに、手を上げることができませんでした（それどころか、誰ひとり手が上がりませんでした）。マナー講師を目指している最中だったのに、「見えている部分」にしか心を配れなかったことを、そのときに、とても反省しました。

本書の内容

このように、本書では、1秒で「気がきく人」になるために必要な「38の習慣」を、次の5つの項目、

第1章【気づかい】「1秒の気づかい」で人間関係がよくなる
第2章【機会】あなたも「チャンスがやってくる人」になれる
第3章【習慣】気がきく人の「1秒の習慣」を身につける

第4章【言葉】人生を劇的に変える「言葉」の魔法
第5章【行動】「行動を起こす」ことで、すべてが変わりだす

に分けて、私の経験を交えながら、お話させていただきます。500万人以上のお客様をはじめ、多くの優秀な方々から学ばせていただいたことを、わかりやすくお伝えできればと思っております。

お金や、地位や、名声よりも、もっと大切なこと

私が2015年に留学した先のフィジー共和国は、世界的にみて、決して物質的に裕福なわけではありません。ですが、いつも、笑顔で明るく、陽気です！　2011年と2014年の2度にわたって、フィジーは、「世界幸福度調査」で1位に選ばれています（※1）。

もしかしたらフィジーの人たちは、経済的な発展よりも、「もっと大切なもの」の

中に幸せを見出しているのではないか？

そう思った私は、現地の人の意見を聞いてみたいと思い、留学先の学生仲間と一緒に、アンケートを取ってみることにしました。質問は、次の2項目です。

①「What is your happiness?」（あなたの幸せは何ですか？）

②「What is most important thing to keep good relationship?」（良い人間関係を保つために、もっとも重要なことは何ですか？）

30人以上にお話をうかがった結果、わかったことがあります。それは、フィジーの人々は、

「人との人間関係を、何よりも大切にしている」

ということです。幸せを感じる瞬間の「9割」が、「他人との時間」の中にあったのです。

フィジーの人たちは、「年齢も、性別も、国籍も問わず、誰とでもフレンドリーにつき合うこと」こそが、いちばんの「幸せ」だと考えていました。

「一期一会を大切にしていて、出会った人はみな家族としてつき合う」のです。

フィジーの人たちは、「愛がいちばん人を幸せにする」と心の底から信じていたのです。

フィジーの人たちが、世界でいちばん「最幸《さいこう》」なのは、「お金や、地位や、名声よりも、『人』を大事にしているから」ではないのか、私には、そう思えたのです。

ハーバード大学が「人生を幸せにするのは何?」をテーマに、最も長期に渡り、75年間、724人の男性を研究した結果は……、

「良い人間関係に尽きる」

というものでした（ハーバード大学医学部臨床教授ロバート・ウォールディンガー「1938年から続くハーバード成人発達研究の第4代責任者」の報告より（※2））。

◯「自分から行動を起こした人」にだけ、幸せはやってくる

フィジーでは、見知らぬ人同士でも話しかけ合い、すぐに家族のようにうち解けます。町を歩いていると、道行く人が「Bula!」（ブラ／こんにちは）と笑顔で挨拶をしてくれます。

バスに乗っていると、隣に座った人が、親しげに声をかけてくれます。

普段の生活はゆったり、のんびり、スローなのに、人間関係の構築にかかる時間は、あっという間です。

彼らはどうして、初対面の相手ともたやすく友だちになれるのでしょうか？

その秘訣はアンケートの２つ目の質問（良い人間関係を保つために、もっとも重要なことは何ですか？）の答えの中にうかがえます。人間関係を築くとき、彼らの多くが、

- 「自分から、話しかける」
- 「自分から、してあげる」

●「自分から、差し出す」
●「自分から、気を配る」

と答えていました。

フィジーの人たちは、「相手に何かをしてもらおう」と受身で待つことはありません。まず、自分から動くことで、グッド・リレーションシップをキープしていたのです。

私が、学生仲間とともに、フィジーの「ナモトモト村」で日本語を教えるボランティアを任されたとき、村の代表者、約30人が集まるミーティングに同席させていただくことになりました。

フィジー語がわからず、所在なく立っていた私に、村長さんは英語でこう言ってくださったのです。


「ミーティングがはじまる前に、一人ひとりに、マキから、直接、挨拶してきなさい」

人間関係をはじめる前には、「フェイス・トゥ・フェイス」で向き合う。そして、相手からの挨拶を待つのではなく、自分から挨拶をする。

マナー講師としてそのことがわかっていたはずなのに、はじめてのフィジーで、村長さんから言われるまで、行動に移せなかった自分に、恥ずかしさを感じました。

◯人間関係を築く最初の一歩は、いつだって「自分」にある

幸せの9割は人間関係の中にあること。そして、人間関係を良好に保つには、「誰かが何かをしてくれる」のを待つのではなく、「自分から投げかける」こと。

私はそのことをフィジーの人たちに教わりました。


私はこれまで、「人が何かをしてくれるのを待ちわびていたひとり」だったのではないか、と反省をしました。心のどこかで「棚《たな》からぼた餅《もち》」を期待していたのです。

「棚ぼた」は、めったに起きません。幸せをただ待っている人に、本当の幸せは届きません。

大切なのは、

「自分から動くこと」
「自分から相手を受け入れにいくこと」

です。

棚の下でぼた餅が落ちてくるのを待つのではなくて、ぼた餅は自分でつくるのです。

挨拶をしてほしいのなら、自分から挨拶をする。
気づかってほしいのなら、自分から気づかう。
友だちや恋人をつくりたいのなら、自分から声をかける。

「最初の一歩は、常に自分」で、ありたいものですね。

フィジーの人々がそうであったように、人生の幸せは、「人間関係の充実」に他なりません。そのために、**99％の人がやっていない、たった「1％の習慣」を、たった「1秒」意識することからはじめましょう！**

誰からも「気がきく人」と、言われる人になることで、あなたの人生は、大きく、大きく、変わります。

私は信じています。その「1秒」からはじまる、たくさんの奇跡が、あなたの人生を大きく輝かせていってくれるということを。

ホスピタリティー・マナー講師　松澤《まつざわ》萬紀《まき》

Contents

第2章

【機会】あなたも「チャンスがやってくる人」になれる

第3章

【習慣】気がきく人の「1秒の習慣」を身につける

One second's consideration for others would make big change

第4章

【言葉】人生を劇的に変える「言葉」の魔法

第5章

【行動】「行動を起こす」ことで、すべてが変わりだす

●カバーデザイン／布施育哉
●本文デザイン／斎藤 充（クロロス）
●編集協力／藤吉 豊（クロロス）
●編集担当／飯沼一洋

One second's consideration for others
would make big change

第1章

One second's consideration for others would make big change

【気づかい】

「1秒の気づかい」で人間関係がよくなる

001

「靴のキレイさ」に、その人の内面があらわれる

CA（客室乗務員）時代に、先輩のAさんから、「松澤さん、紹介したい男性がいるのですが、食事をご一緒しませんか？」と声をかけていただいたことがあります。

当日は、Aさんと私、私の友人の涼美《すずみ》と、ご紹介いただいた男性の4人で食事を楽しみました。

食事を終え、涼美と2人になったとき、彼女は私に、「あの男性は悪い人ではないけれど、仕事はできないタイプだから、やめたほうがいいよ」と言い出したんです。

私が、「今日はじめて会ったのに、どうしてそんなことがわかるの？」と理由を聞くと、彼女は、こう答えました。

「だって、あの男性、『靴が汚かった』から」

「靴がキレイに磨かれている人＝仕事ができる人」というのが涼美の持論でした。

「目線のいちばん下にある『靴』にまで手入れが行き届いている人は、細かいところまで気配りができるし、仕事も丁寧だよ。でも、あの男性の靴は汚れていたし、かかともすり減っていたから、大雑把な印象を受けたんだよね」

涼美の話で、思い出したことがあります。

「現役のCA時代に一緒に仕事をしたパイロットの中で、靴が汚かった人はひとりもいなかった」ということです。

足先、靴先にまで気を配っているからこそ、小さな変化も見逃さず、空の安全を守ることができるのでしょう。CAの友人の話では、ファーストクラスのお客様の靴も、ほぼ100％、ピッカピカに磨かれているそうです。

「靴磨き＝自分磨き」

涼美の持論は、心理学的にも裏付けられています。

カンザス大学の心理学者たちが行った実験で、63人の学生に、２０８人が頻繁に履いている靴の写真を見せ、「靴の持ち主がどのような人物か」を予想させたところ、正解率は非常に高かったといいます。

そして、「きちんと手入れされた靴を履いている人は誠実」「カラフルな靴を履いている人は人づきあいが良い」「高価な靴を履いている人は年収が高い」など、「持ち主の性格」と靴の間には一定の関連性があることがわかったそうです。

実験に関わった心理学者は、「靴は、服装の中のわずかな部分ではあるが、非常に、役に立つ情報を与えてくれる。靴は、その人が意識しているかどうかは別として、その人の性格を明らかにしてくれている」と結論づけています（※3）。

また、ある調査では、「普段から、靴を磨いている」という人を職業別に見たところ、「会社役員や経営者ほど、『靴磨きをする』と回答した人が多かった（58・4％）」

という結果が出たそうです（株式会社プラネット調べ）。

「靴がキレイに磨かれている人＝仕事ができる人」という涼美の持論は、間違いではありませんでした。

靴こそ、その人の内面を垣間見れる場所です。**いちばん目立たない場所だからこそ、相手の靴を良く見ることで、その人の心の内（本心）がよくわかります。**

「相手の弱みにつけ込む」ことを「足元を見る」と言いますが、この言葉は、「昔、駕籠《かご》かき（かごを担ぐ人）が、旅人の足元を見て（草履《ぞうり》の傷み具合を見て）疲れ具合を見抜き、疲れた客の弱みにつけ込んで高い駕籠代を要求した」ことに由来するそうです。昔から足元（靴）には、「その人自身」があらわれていたのでしょうね。

「靴磨き＝自分磨き」です。

自分の人生を、そして、自分のキャリアを輝かせるために、ぜひ、靴のお手入れを習慣にしてみてくださいね。

「靴から、あなたの人生が変わる」のが、きっと体験できますよ。

002

一流の人の共通点は、「悪口」を絶対に言わないこと

「東京スバル株式会社」の15周年記念式典で講演させていただいたとき、私は、「社長と社員の間に、相思相愛の関係ができていて、すごいな」と感じました。

下《しも》川《かわ》良一《りょういち》社長とは、何度もメールでやりとりをさせていただきましたが、メールの文面には、「社員を大切に思う気持ち」が、いつもあふれていました。

なぜならば、どのメールにも、「社員がよくやってくれているので、助かります」といった、社員をねぎらうひと言が添えてあったのです。

一方、社員の方々は、まるで「下川社長の応援団」のように私には映りました。1000人規模の記念式典を開こうとすると、準備も簡単ではありません。**私が「お疲れではありませんか?」とお声がけすると、社員のみなさんは口をそろえて「社長の**

下川を喜ばせたいので！」と明るく答えてくださいました。

社長は社員を信頼し、社員は社長を信頼する。社長と社員の一体感が、東京スバルの魅力だと私は思います。

下川社長が、社員から応援される理由のひとつは、「和顔愛語《わげんあいご》」を心がけているからではないでしょうか。

「和顔」とは、和やかな顔、穏やかな顔のことです。

「愛語」とは、思いやりのある話し方で人に接することです。

江戸時代の名僧、良寛和尚《りょうかんおしょう》は「和顔愛語」を実践し、「私の口から出てくる言葉は、人の心を励まし、勇気づけ、あたたかくする贈り物でありたい」と考えていたそうです。

同じように下川社長も、「社員を思うあたたかい気持ち」を自分の言葉に乗せています。

だから、社員の心を惹きつけているように見えました。

◯ 脳は、「他人への悪口」を「自分への悪口」として受け止める

「言葉は身の文《あや》」という「ことわざ」があります。

「人がしゃべったり、書いたりする言葉には、その人の品性や、性格や、心の中の様子をあらわす」という意味ですが、私はこのことわざを、

「使う言葉によって、その人の品性が磨かれることも、反対に、卑《いや》しくなることもある」

と解釈しています。


脳科学の分野には、「脳は主語を理解できない」という説があるそうです。**「脳の仕組み」として、自分が口にしたすべての言葉を、「自分のこと」として受け入れようとするため、「他人に向けた悪口」であっても、「自分に向けた悪口」としてとらえてしまうのだそうです。**

ということは、人の悪口を言えば言うほど、自己嫌悪に陥ることになります。「○○さんが悪い」「○○さんはひどい人だ！」と非難したり、悪口を声に出すことは、「自分自身を非難している」のと同じこととして、脳はとらえるのです。

逆に、下川社長や良寛和尚のように「和顔愛語」を心がけていれば、脳は「自分がやさしくされている」ような感覚を覚え、明るく、楽しく、前向きな気持ちを持つことができます。一流の人の「共通点」は、人の「悪口」を絶対に言わないことです。

悪口やネガティブな言葉は、自分の脳にもネガティブなメッセージを伝えてしまいます。

自分が辛いときには、ついつい、私も愚痴をこぼしそうになるのですが（笑）、自戒を込めて、自分が口にする言葉の中に、「やさしさ」や「思いやり」が込められているか、振り返ってみたいと思います。

嫌なことがあったとき、愚痴をこぼしたくなるとき、そんなときこそ、「愛語」を口に出してみる。あたたかみのある言葉で話しかけてみる。

そうすれば、相手に思いやりが伝わるばかりか、自分の品格も磨かれて、前向きな気持ちになれるのではないでしょうか。

言葉を変えれば、そこから、必ず、人間関係も変わりはじめますよ。

003

「三角感謝」なら、本心からの感謝が伝わる

CA時代の後輩、A子は、「誕生日になると、一緒に住んでいるおばあちゃんが、いつもお手紙をくれる」と喜んでいました。

そのお手紙には、A子へのお祝いのメッセージとともに、必ずA子のお母さん（息子の妻）への感謝の言葉も綴られていたそうです。

「A子、お誕生日おめでとう。A子のお母さんのおかげで、私は、長生きができている」

A子がお母さんに「おばあちゃんが、お母さんのこと、こんなふうに感謝していたよ」と伝えると、お母さんは顔をほころばせて喜ぶそうです。A子は、「そんなお母さんの顔を見るのが大好き」でした。

おばあちゃんは、日頃から、お母さんに感謝の気持ちを伝えていました。でも、お母さんにとって、「娘を通して間接的に伝えられた感謝」は、いつも以上に嬉しかったのではないでしょうか。**なぜなら、「人づてに伝わった感謝」には、直接、感謝を言われるよりも、真実味があるので、「本当に感謝されているのだろうな」と感じることができるからです。**

他人を介し「人づてに伝わった感謝」のことを、私は「三角感謝」と呼んでいます。

最近では、「食べログ」など、多くの「口コミ」サイトがアクセス数を集めていますが、どうしてだと思いますか？

それは、企業やお店が発信する「直接的な情報」よりも、他のユーザーや友人が発信する「間接的な情報」に、ユーザーは信憑性を感じているからです。

こうした効果を、心理学では「ウィンザー効果」と呼びます。

「ウィンザー効果」は、『伯爵夫人はスパイ』（アーリーン・ロマノネス著／講談社より引用）というミステリー小説に登場する「ウィンザー伯爵夫人」の、「これを忘れないでね。いつかきっと役に立つわ。第三者のほめ言葉は、どんなときでもいちばん効き目があるのよ」という言葉に由来するといわれているそうです。

「感謝」の気持ちも「ウィンザー効果」と同じで、相手から直接伝えられるよりも、他人を介して伝えられたほうが、何倍も、真実味があって、効果的なのです。

それは、ほめ言葉や感謝の言葉といった、プラスの感情だけではありません。「悪口」やウワサ話といった「マイナスの感情」も同じです。

何気ない悪口が、「三角悪口」となって本人に伝わったとき、相手の心を深く鋭く傷つけてしまうことがあります。その内容こそ、「相手の本心」だと思えるからです。

口は災いの元です。「自分が発した悪口は、本人の耳へ必ず入るもの」という前提で、話す言葉を選ぶことが大切ですね。

「三角感謝」は、感謝する側も、される側も、両方評価が上がる

三角感謝の効果は、「感謝の倍増」のほかにもあります。三角感謝は、「感謝する側」も「感謝される側」も、どちらも評価を上げることができます。

仮にAさんがBさんに対して「Cさんはとてもいい仕事をしているので、感謝しています」とCさんへの感謝を伝えたとします。すると、Bさんは、「Aさんが感謝するくらい、Cさんは仕事ができる人なんだ」と、Cさんを高く評価するはずです。

そして、こうも思うはずです。

「Cさんのいないところで、Cさんの欠点を言うのではなくて、感謝の気持ちを示せるAさんは信用できる人だ」

つまり、三角感謝をすることは、「感謝する側」のAさんと、「感謝される側」のCさんの両方の評価を上げることができるのです。

相手に、「心からの感謝の気持ち」を伝えたいなら、A子のおばあちゃんがそうしたように、直接本人に伝える「直接感謝」にプラスして、まわりの人にも「あの人に感謝している」と「三角感謝」をするようにしましょう。

そうすれば、感謝の気持ちは、何倍にも大きくなって相手の心に響くはずです。

004

人生は「喜ばせごっこ」。「人を喜ばせること」がいちばん嬉しい

２０１５年に、１カ月間ほど、「フィジー共和国」に留学し、語学研修を兼ねたボランティアに携わったことがあります。

渡航先をフィジーに決めたのは、前述したようにフィジーが、２０１１年と２０１４年の２度にわたって、「世界幸福度調査」で1位に選ばれていたからです（※1）。

世界的にみても、けっして、豊かな国ではないはずなのに、どうして、フィジーの人たちは、「幸せ」を感じているのか。「幸せの理由」が知りたくて、私はフィジーを訪れました。それは幼いころから常に考えていた「疑問」でした。

ホームステイをはじめてすぐに、気がついたことがあります。それは、「私有」の

感覚が乏しいことです。フィジーには「ケレケレ」という文化があります。**「ケレケレ」とは、「みんなで助け合いながら、ひとつのものをみんなで共有しましょう」という相互扶助の習慣のことです。**彼らは「シェア」の概念が強くて、

「自分のものはみんなのもので、みんなのものは自分のもの」

「幸せや喜びは、ひとりで持つのではなく、みんなで分け合うもの」

と考えています。


独り占めすることはありません。自分の所有するものを、家族や友だち以外の人に分け与えるのが当たり前です。また、相手のものであっても、断りなく使うことがあります。お金も、土地も、食事も、なんでも共有して「喜びを分かち合う」のがケレケレです。私も、フィジーで「ケレケレ」を経験しています。冷蔵庫に冷やしておいた私のジュースがいつの間にか飲まれていたり、浴室の石鹸がなくなっていたことがありました（笑）。正直、最初は、この「ケレケレ」の文化にとまどいました。

フィジーでは、「みんな家族」という意識があります。

ホストファミリーが私のジュースを飲んだのも、私の石鹸を使ったのも、私が彼らにとって「家族」と認められていたからなのです。それを実感したとき、「ケレケレ」も悪くないなと、思いはじめました。

○人は、「人を喜ばせること」がいちばん嬉しい

『アンパンマン』の生みの親として知られる、故・やなせたかしさんは、著書『やなせたかし　明日をひらく言葉』（PHP研究所より引用）の中で、「つかの間の人生なら、なるべく楽しく暮らしたほうがいい。それでは、人は何がいちばん楽しいんだろう。何がいちばん嬉しいんだろう。その答えが『喜ばせごっこ』だった」とおっしゃっています。

母親は、家族の喜ぶ顔が見たくて料理をつくります。父親は、家族の喜びを支えるために働きます。勉強が得意な人は勉強で、歌が上手な人は歌うことで、そしてやなせさんは「絵」で、アンパンマンは「顔をちぎって人に食べさせる」ことで、人を喜ばせています。おそらく、『アンパンマン』という作品は、

「人は、人を喜ばせることがいちばん嬉しい」

という、やなせさんの哲学をあらわしているのでしょう。


先日お話をうかがった「シルク・ドゥ・ソレイユ」（カナダのサーカス集団）のアーティスト、髙橋典子さんは、「バトン」で人を喜ばせています。

彼女は、世界選手権で優勝回数7回を誇るバトントワラーです。

アンパンマンは「自分の顔」をちぎって人に分け与えますが、髙橋さんは、「金メダル」を2つに割って、2位の選手とシェアしたことがあるそうです。

ある大会で、髙橋さんは、惜しくも銀メダル（2位）に終わりました。ところが採点ミスが発覚し、1位と2位が入れ替わることになった。髙橋さんの逆転優勝です。

嬉しくないわけがありません。**けれど髙橋さんは、2位に落ちた選手の気持ちを察して、「自分の金メダルを2つに割る」ことを提案しました。**

金メダルと銀メダルを2つに割って、それぞれをつなぎ、「2分の1ずつのメダル」をつくれば、1位と2位の区別はなくなります。髙橋さんは、喜びを独り占めするのではなく、「ともに喜びを分かち合うこと」を選んだのです。

誰かのために、余分に何かを持つ

ある一流のプロゴルファーのお嬢様、中野マリさん（仮名）も、「人を喜ばせて、人の心をあたたかくできる女性」です。

私が講師を務めた「プリザーブド・フラワー教室」に、マリさんが「ママ友」たちと一緒に参加してくださったことがあります。マリさんはお子様を預けてきていらっしゃいましたが、ママ友は、みなさんお子様連れです。

レッスン中に、子どもたちがグズりはじめたときがありました。私が、「退屈しているのかな」と思った矢先、マリさんがカバンの中から、たくさんの「おもちゃ」を取り出してきたのです。子どもたちは、楽しそうにおもちゃで遊びはじめました。

マリさんは、ご自分のお子様を預けていますから、おもちゃを持ってくる必要はなかったはずです。私が「たまたま、おもちゃをお持ちだったのですか？」とうかがうと、マリさんは、**「小さな子どもがいるのはわかっていたので、何かの役に立つかな、と思って、持ってきました」**とおっしゃいました。

子どもたちがおとなしくしていれば、「おもちゃ」の出番はなかったかもしれません。それでもおもちゃを用意していたマリさんは、「目の前の人に喜んでもらうために、自分にできることは何か？」を想像する力を持っていました。だからこそ、「喜ばせごっこ」に参加できたのだと思います。

この日から、私もマリさんにならって、「誰かのために、（余分に）何かを持つ」ように心がけるようになりました。

たとえば、ノド飴やマスクを（余分に）持っていれば、風邪をひいた人のノドを潤すことができます。ハンカチを2枚持っていれば、隣合わせた人が飲み物をひざにこぼしたときに、差し出すことができます。

「どうすれば、目の前の人が喜んでくれるか？」を想像して、ノド飴、マスク、ハンカチなどを、余分に持っておく。やなせたかしさんや高橋典子さんのような才能がなくても、たったそれだけのことで、誰もが「人を喜ばすことができる」のですね。

005

「恩送り」人から受けた恩を、次の人に送っていく

フロリダ州にある「スターバックスコーヒー」で「自分のあとに来店した別のお客様にコーヒーをおごる」という行為がブームになり、2日間で750人が他人にコーヒーをおごったことがあるそうです（※4）。

この行為は「pay it forward／ペイ・イット・フォワード（またはpay forward／ペイ・フォワード）」と呼ばれ、話題になりました。

「pay it forward」とは、直訳すると「先送り」。「ある人から受けた親切を、別の人に渡していく」ことを意味しています。

映画「ペイ・フォワード（原題：Pay it forward）」で、この言葉を知った方も多いかもしれませんね。主人公の中学生、トレバーは、先生から「自分の手で世界を変え

たいと思ったら、何をする？」という課題を与えられ、**「自分が受けた善意や思いやりを、その相手に返すのではなく、別の3人に渡そう」**と考えました。最初のうちは結果が出ませんが、やがて、親切の連鎖が広がりはじめる……というストーリーです。

日本にも、「pay it forward」に似た言葉があります。「恩送り」です。「恩送り」とは、いただいた恩をその人に「恩返し」するのではなく、別の第三者に「送る」ことです。

小説家／放送作家として活躍した故・井上ひさしさんは、中学時代に、岩手県一関《いちのせき》市にある本屋さんで英和辞典を万引きしようとして、店番のおばあさんに見つかってしまったことがあります。おばあさんは、罰として井上さんに薪割《まきわ》りを命じました。そして、薪割りが終わると、英和辞典を渡して、こう言ったそうです。

「薪割りの手間賃は七百円。（中略）七百円あれば、坊やが欲しがっていた英和辞典が買えるから、持ってお行き。そのかわり、このお金から五百円、差っ引いておくよ」

（『ふふふ』（井上ひさし／講談社文庫）より引用＆参照）

井上さんは、「まっとうに生きることの意味」を教えてくれたおばあさんに「返しても返しきれない恩義」を感じたといいます（※5）。

その後、作家となった井上さんは、一関市で何日もボランティアの作文教室を開いています。井上さんはそれを「恩送り」とおっしゃっています。

◯恩を、直接、返せないのなら、「次の人」に送ればいい

私の知人、Yさん（女性）の父親が、亡くなったときのことです。

母親から、「財産の管理はあなたに任せるから」と言われ、全財産（貯金通帳や印鑑など）を預かったYさんは、不注意にも、全財産をどこかに置き忘れてしまいました。

後日、警察に届出があって、通帳も、印鑑も、無事、手元に戻ってきました。Yさんはお礼をしようと思い、警察で拾い主の連絡先を尋ねたのですが、教えてくれません。どうして教えてくれないのか理由を聞くと、「それが、拾い主の意向である」ことがわかりました。拾い主は、警察官に「私の名前も、住所も、落とし主さんには知らせないでください。気を使わせてしまいますから。私は、お礼がほしくて届けたわ

けではありません」と伝えたそうです。

Yさんが「そういうわけにはいきません。大事なものを届けてくださったのですから、お礼がしたいです」ともう一度お願いをすると、警察官は、こう言いました。

「人から優しくされたことを、今度はあなたが、他の人に返していけば、いいのではありませんか？」

見返りを求めず、恩を売らなかった拾い主の善意と、「恩送り」の大切さを教えてくれた警察官のひと言に、Yさんは「心が救われた気がした」といいます。

「鶴の恩返し」の鶴や、「浦島太郎」の亀のように、恩を「親切にしてくれた相手」に直接返すことができれば、もちろんいいのですが、様々な事情があって、どうしても返せないことだってあります。そんなときでも「恩」を止めず、その恩を次の人に送ってください。

人の優しさは、連鎖していきます。親切は、必ず、誰かにつながっていきます。

誰かの手助けとなれそうなとき、他人にちょっとした思いやりを送る。そして、その相手も「恩を次へ送って」いく。こうした「恩送り」の巡り合わせが、たくさんの人の心を、ますます幸せにするのです。

006

名物校長が教えてくれた、子どもを元気にする「3かけ」

ほんの少しのさりげない「声かけ」が、相手の心を元気にしたり、励ましたり、あたたかくすることがあります。

CAはいつも、機内のお客様との「スポット・カンバセーション」を心がけています。スポット・カンバセーションとは、「短い会話」のことです。退屈そうにされているお客様がいたら、「富士山が見えますよ」「素敵なペンをお持ちですね」「コーヒーはいかがですか?」と短いお声がけをする。すると、その少しの会話が、お客様との心の距離を近くすることがあります。

私が卒業した中学校の西谷先生(現在は、校長先生をされています)は、生徒一人ひとりに寄り添う教育を信条としていて、**「1：目をかけ、2：気にかけ、3：声をかけ」**の「3かけ」を実践されていました。

「目をかけ」とは、子どもたちを「見る」ことです。

ですが、ただ目を向けるだけでは、相手の心の機微に気づくことはできません。思いやりを持って「気にかけ」ながら、「目をかけ」ることが大切です。

そして、「身近にいる子どもたちを見守って、助けが必要な場合には手を差し伸べる気持ちでいると、何かあったときには自然と『声かけ』ができる」と西谷先生はおっしゃっていました。

仏教には、「無財《むざい》の七施《しちせ》」という教えがあるそうです。

「財産がなくても、まわりの人々に喜びを与える7つの方法」を解いたもので、その中に「眼施《げんせ》」「心施《しんせ》」「言辞施《ごんじせ》」の3つのお布施《ふせ》が挙げられています。お布施とは、見返りを求めることなく善行を行うことです。

「眼施」は、やさしいまなざしで人と接すること。

「心施」は、自分以外の人のために心を配ること。他人とともに喜び、他人とともに悲しむこと。

「言辞施」は、やさしい言葉で接すること。挨拶や感謝の言葉を伝えること。

「3かけ」は、西谷先生が子どもたちに施した「お布施」だったのだと、私は解釈しています。私たちも「3かけ」を、ぜひ、実践したいと思いませんか？

「たった1秒」の声かけから、人間関係が変わりだす

2014年に、「東京スバル株式会社」の社員の皆様、約1000人の前で講演をさせていただいたことがあります。

東京スバルは、下《しも》川《かわ》良一《りょういち》社長の就任後、業績を伸ばしています。好調の背景にあるのが、「社長の声かけ」です。

下川社長は、「分け隔てなく話しかける方」で、フロントにも、営業スタッフにも、メカニックにも声をかけているそうです。

社員のおひとりにうかがうと、「わざわざ社長から足を運び、みんなに声をかけて

くれるので、社員はそのことが嬉しくて、自然とやる気が出ます」と話してくれました。

人は、「誰かに気にかけてもらえているという実感を覚えたとき」に、「頑張ろう」という気になる。そして、「頑張ろう」という気持ちがあるから、成長できるのです。

「社長の声かけ」というものは、たとえ、ひと言でも、社員にやる気を持たせるいちばんの方法なのですね。簡単そうですが、継続するのはとてもむずかしいことなのです。


私たちは誰でも「自分のことを知ってもらいたい」「自分の存在に気がついてもらいたい」という「承認《しょうにん》欲求《よっきゅう》」を持っています。


自分に関心を持ってくれる人がいないと、不安や、孤独や、とまどいを感じてしまいます。だから、いつも声かけをして、「あなたのことを気にかけていますよ」という気持ちを示してあげることが大切なのです。

自分から声をかけることは、ときに、勇気がいります。ほんの少し、勇気を出して「おはよう」「おつかれさま」「今日は暑いね」「頑張っているね」「いつもありがとう」と、声をかける習慣を持ってみませんか？「たった1秒」声をかけるだけでも、相手の心をあたたかくすることができ、そこから人間関係が変わりはじめるのですから。

007

「3かん」を心がけるだけで、「味方」がどんどん増えていく

コミュニケーションで大切なのは、相手の「味方」になることです。つまり、相手から

「この人だったらわかってくれる。この人だったら信頼できる」

と感じてもらうことです。

では、どうすれば「味方」になれるのでしょうか？

前述した西谷先生は、子どもたちの味方になるために、「3かん」（3つのきょうかん）によるコミュニケーションを実践しています。

①「共感《きょうかん》」 子どもたちの思いに共感する

②「共汗《きょうかん》」 子どもたちと一緒に汗を流す
③「共歓《きょうかん》」 子どもたちと一緒に喜び楽しむ

です。他人への「きょうかん」は、人と人の結びつきを強くします。

他人に「きょうかん（共感／共汗／共歓）」するとは、言い換えると、「相手の立場になる」ことです。

ですから「3かん」を心がけて人と接すれば、相手の気持ちがわかるようになって、「味方」になることができるのです。

同じ感情を分かち合うだけで、一瞬で「味方」になれる

【共感《きょうかん》】


ほんの少しの「反感」や「反対」が、クレームにつながることがあります。

ある航空会社のCAが、スポット・カンバセーションの最中に、お客様を怒らせたことがありました。

上空から「富士山」が見えたとき、お客様がＣＡに、「富士山がこんなにキレイに見えるのはめずらしいのでは？」と声をかけたそうです。するとＣＡは、

「いいえ、これぐらいは、大体、いつも見えますよ」

と、否定してしまったそうです。

悪気はなかったのでしょうが、お客様は面目が立ちません（後日、お客様からクレームが寄せられたそうです）。

「共感」とは、他人の意見や感情に「そのとおりですね」と寄り添うことです。

お客様がＣＡに声をかけたのは、富士山の美しさを一緒に分かち合いたかったからです。そのことがわかっていれば、たとえ「ふだんから富士山がキレイに見えている」としても、「今日は、本当にきれいですね」と共感を示すことができたはずです。


【共汗《きょうかん》】

共汗とは、一緒に汗をかくこと。手伝うことです。

ある商社から、ビジネスマナー研修の講師を頼まれたことがあります。研修前の事前ミーティングには、人事部長のほかに、ＡさんとＢさんの２人の部下が同席したの

ですが、この2人は、とても対照的でした。

ミーティングが終わったあと、Aさんは「それでは、失礼します」と言って、すみやかに会議室をあとにしました。

一方、Bさんは、Aさんが退出したあともその場に残り、「何か、私にお手伝いできることはありませんか？」と、私に話しかけてくださいました。

あとになって、人事部長が教えてくれました。

「『お手伝いできることはありませんか？』のひと言が言えるか、言えないかが2人の大きな差なんです。Aのように、うまく気づかいができない社員が、『お手伝いできることはありませんか？』と言えるように変われるような研修をお願いします」

「お手伝いできることはありませんか？」のひと言は、「人と人をつなぐ言葉」だと私は思います。

実際には手伝ってもらうことはなかったとしても、このひと言は、「あなたと一緒に汗をかきますよ」「あなたについて行きますよ」という「信頼」を垣間見ることができる力があるからです。人は、ときに、「自分を助けてくれる人」の存在が必要なのですから。

【共歓《きょうかん》】

私が「嬉しい」と思ったとき、相手も自分のことのように「一緒に喜んでくれる」と、もっと嬉しい気持ちになります。

喜びを人と分かち合うと、喜びは2倍になる気がします。だから、相手が喜んでいたら、一緒に喜んであげましょう。

今から7年前、私の仕事を新聞に取り上げていただいたことがありました。とても嬉しくて、キヨスク（売店）で新聞を「5部」まとめて購入しようとすると、販売スタッフの女性が、「あら、ずいぶんたくさん買うのね！」と気さくに声をかけてくれたんです。

「ここに私が載っているんですよ！」と新聞を指差すと、

「そうなの！　すごいわね！　じゃあ、おばさんも買うわ！」

と一緒に、笑顔になって喜んでくださいました。

7年前のささいなやりとりを、今でも、鮮明に覚えているのは、「キヨスクの店員さん」が私の喜びに「共歓」し、私の喜びを2倍にも、3倍にもしてくださったからです。

ドイツの哲学者、ニーチェは「苦しみを共にするのではなく、喜びを共にすることが友人をつくる」と言ったそうですが、本当にその通りだと思います。

「3かん」は、決してむずかしいことではありません。

「私もそう思います！」と「共感」を示す。

「何かお手伝いできることはありませんか？」と「共汗」を示す。

誰かが喜んでいたら、「私も嬉しいです！」と「共歓」を示す。

特別なことをしなくても、寄り添う気持ちを持って「同じ感情を分かち合う」だけで、相手から「この人だったらわかってくれる！」と思われる人になれ、多くの人が「味方」になってくれるのです。

あなたも、常に、誰かの「味方」でいてあげてくださいね。

008

「察する力」は、よく見ることで身につく

12年間のCA生活で、私はいつも、フライトが終わるたび、「目が疲れてしかたがなかった」ことをよく覚えています。なぜなら、**疲れ目の原因は、フライト中、常に、「目を凝らして、お客様をよくみていた」から**です。

多いときには、CAひとりで50人以上のお客様を受け持ちます。50人以上のお客様の小さなサインを見逃さないように「よくみよう」とすると、どうしても目が疲れてしまいます。

新人時代、先輩から、「松澤さん、23C席のお客様は、手にお怪我をされているようだから、サービスのときに気をつけてね。コーヒーを差し上げるとき、砂糖とミルクが必要なら、あなたが入れてあげてね」と言われたことがあります。

私が担当するお客様だったのに、私にはまったくみえていませんでした。その反省を生かし、その日から、お客様を、今まで以上に「よくみる」ようになったのです。

搭乗案内中も、フライト中も、ＣＡは、お客様を「よくみる」ように教わります。「みる」といっても、表面的にものを「みる」だけではありません。当時のＡＮＡでは「３つの見方」で、お客様をみていました。

「見る」「観る」「看る」の３つです。

- 見《み》る／全体の様子をよく見渡す。俯瞰《ふかん》力
- 観《み》る／お客様一人ひとりを詳しく観察する。観察力
- 看《み》る／お客様に気を配ってお世話をする。看る力

寒そうにしている方には毛布をお持ちする。マスクをしている方にはノド飴を差し上げる。暗い中で本をお読みになっている方がいたら、読書灯の位置をお教えする。

お客様の表情やしぐさをつぶさに「見て」、お客様の気持ちを詳しく「観察して」、それを、率先して行う（「看る」）からこそ、小さな感動が生まれます。

私が、Wホテルにチェックインしたときのことです。

その日、風邪気味だった私は、加湿器の貸し出しをお願いしました。するとフロントの女性が、ひと言、「お風邪ですか？」

「そうなんです」と返事をすると、彼女は、私への心づかいを添えてくださいました。

「お薬はお飲みになりましたか？」

「毛布も一緒にお持ちしますね」

出張先で体調を崩した私は、心細くなっていました。彼女はそんな私をよく「観て」、そしてよく「看て」、私の気持ちに寄り添ってくれたのです。私にとっては、フロントの女性の気づかいこそが、いちばんの薬となりました。

察する力の、はじめの一歩は、まわりをよく「見渡す」こと

私の家の近所に、小さなデリカテッセンがオープンしました。先日、「桜のケーキ（お惣菜ケーキ）」を買おうと、この店を訪れたとき、ご主人が笑顔で話しかけてきました。

「お客様は桜のケーキがお好きだと思って、でき立てを取り置きしておいたんです。

なんとなく、今日、お見えになるような気がしていましたから」

ご主人は、「私が好きなものは何か」「前回来たのは、いつか」を3つの見方で「みて」いて、これまでに「2度、桜のケーキを買った」ことを覚えていたのです。

ご主人の気持ちが嬉しくて、このことをきっかけに、私はお店の常連になりました。

相手に興味を持ち、相手が何を考え、何を望んでいるかを「察する」ことができれば、目の前の人に小さなサプライズを届けることができます。

では、どうすれば「察する力」は身につくのでしょうか？

「察する力」をつけるための、はじめの一歩は、「見る」（全体をよく見渡す）ことです。見渡す力が身につくと、目の前のできごとや「部分」にとらわれなくなります。視野が広がって、「今、何が大切か」を考えられるようになるのです。

まわりをよく見ていないと、お客様の心の内を察することはできません。目の前だけでなく、横にも、後ろにも目を配って、360度、よく「見る」こと。

「観る」（観察力）も「看る」（看る力）も、まずは「まわりをよく見る」ことからはじまります。まずは「まわりをよく見る」ことからはじめてみてはいかがでしょう？

009

嫌いな人がいる原因は、「コミュニケーションの総量」不足

都道府県労働局などへの「パワハラ（パワーハラスメント）」に関する相談件数は、年々増加しているそうです。

２００４年度には１万４６６５件だった相談件数が、２０１４年度には６万２１９１件に増加しています。じつに10年で、４万７５２６件の増加です。また、厚生労働省の報告書は、「パワーハラスメントが発生している職場」の特徴として、「『上司と部下のコミュニケーションが少ない職場』が51・１％ともっとも多い」と結論づけています（※６）。

また、あるアメリカの大学の研究によると、

「人は、コミュニケーションの回数が多いほど、相手に対する信頼が大きくなる」

という研究結果を発表しています。

たとえ相手が「苦手な人」でも、コミュニケーションの回数を増やす努力をすれば、相手を苦手と思う気持ちが減るというのです。パワハラに関する調査結果も、アメリカの大学での研究結果も、職場における人間関係のトラブルの多くが、「コミュニケーションの総量不足」に起因していることを明らかにしています。

では、どうすればコミュニケーションの総量を増やすことができるでしょうか。大手広告代理店のI局次長は、

「『2つの顔』を使い分けながら部下とコミュニケーションを取っている」

と教えてくださいました。「2つの顔」とは、

「ビジネスの顔」

「プライベートの顔」

です。「ビジネスの顔」を持って「上司と部下の会話」をしていれば、業務（仕事）を行うことはできます。ですが、それだけだとコミュニケーションの総量が増えず、

会話の幅も広がらないので、事務的になり、心の距離が近づきません。

I局次長がたくさんの社員から慕われ、信頼されているのは、「仕事以外」の場面でも雑談を持ちかけ、接触回数を増やしているからです。

雑談をするときは、「ビジネスの顔」を封印して、「プライベートの顔」で接しています。I局次長が仕事以外の話、たとえば、自分の趣味や家庭の様子を自己開示すれば、部下は「Iさんにも人間的な側面がある」ことが伝わって、親近感を抱いてくれます。

商談の3分の2を「雑談」に使うと、契約率がアップする

ある大学のビジネススクールで「交渉学」を学んだとき、先生から、「雑談がもたらす効果」について教えていただいたことがあります。

たとえば、セールスパーソンが交渉の席につくとき、いきなり商品説明をするのは得策ではありません。なぜなら、人は信用していない人には、多少なりとも警戒心を持つからです。ですので、その警戒心を解くためにも、商談時間が「1時間」あるとしたら、「最初の40分は雑談に使う」といいそうです。

お客様は「どんな商品なのか？」と思う以上に、「目の前にいるこの人は、いい人なのか？　この人を信用していいのか？」と考えています。ですから、商品を販売する前に、最初は雑談から入って「心の距離」を近くして、そのあとで「ビジネスの顔」で本題に切り込んだほうが契約につながりやすくなるのです。

ＣＡ時代の同期に、誰とでも仲良くコミュニケーションが取れる女性がいました。彼女が心がけていたのは、相手から「逃げない」ことです。嫌いな人、苦手な人がいたら、普通は避けようとします、ですが彼女は、距離をあけるのではなく、「こちらから積極的に話しかけて、会話の回数を増やす」ようにしていたそうです。

もしみなさんに「苦手な人」「嫌いな人」がいるとしたら、それは、性格的な相性が理由なのではなく、「コミュニケーションの総量が不足しているから」かもしれません。

自分から積極的に話しかけて、コミュニケーションの総量（回数）を増やしていく。そうすれば気持ちのすれ違いが解消され、「嫌いな人がいなくなる」かもしれません。

010

「基本の徹底」こそが、結果を出すいちばんの方法

先日、ある教育者が、「成果が出ない人の9割は、基本をおろそかにしている。基本を身につけずに、むずかしい問題を解いても実力はつかない」と述べていましたが、CAの仕事でも、まったく、同じことがいえます。最も大切なのは「基本の反復」です。

CAにとっての基本中の基本は、「乗降用ドアの開閉操作」です。

ドアの開閉（ドアモードの変更）を任されているCAが、誤った操作をしないよう、新人の訓練時代に、時間をかけて「ドア操作の訓練」をします。ドア操作には、機種ごとに「実技試験」があって、合格しなければ乗務できない決まりです。

ドアに布が1枚挟まっているだけでも、エアリーク（空気漏れ）による減圧で、安

全が脅かされるかもしれません。

ドアのまわりにものが挟まっていないか、ドアハンドルが「CLOSE」の位置にあるか、インジケーターが「LOCKED」を示しているかなど、細かなドアのオペレーションを、何度も、何度も、何度も、繰り返しトレーニングします。頭で覚えるのではなく、体で「体得する」のです。

在職中に、「社内留学制度」を使って、オーストラリアに留学したことがあります。留学を終えて復職するときは、もう一度、「ドア操作の訓練」をするのが決まり、つまり基本のやり直しです。すべてのドア操作を確認するのに数時間かかりました。

日常業務に慣れて基本をおろそかにすれば、人命に関わる重大なミスにつながる可能性がある。**「基本」をやりすぎるくらい徹底するからこそ、空の安全は守られているのです。**「基本を大切にする」というのは、他の仕事でも同じではないでしょうか？

「結果」を出している人ほど、「基本」を大切にしている

前述したバトントワラーの髙橋典子さんは、6歳からバトンをはじめています。といっても、早熟の天才だったわけではないそうです。日本バトントワリング選手権大会で優勝したのは、18歳になってから、です。

髙橋さんは、高校を卒業した翌日に、大きな決断をしました。幼稚園児のころから、十数年間、教えていただいた教室から、他の教室に移籍することを決めたのです。

「高山アイコバトンスタジオ（高山アイコさんは日本人バトントワラー第一号）」で出会った新しい指導者、古谷野千代子先生との出会いによって「バトンの概念が変わり私の運命も変わった」と髙橋さんは話しています。

古谷野先生が髙橋さんに教えたのは、「基本に立ち返ることの大切さ」でした。「高度な演技」よりも、「完成度の高い演技」を重視して、「むずかしい技でバトンが汚く見えるくらいなら、難易度は下げてもバトンの流れをきれいにしよう」と、演技の中身を組み替えたそうです。つまり、基本をつくり直したことで、髙橋さんの才能は花開いたのです。

また、私の友人の世界で活躍しているオペラ歌手の福田祥子さんは、声楽講師も務めていますが、彼女は「オペラは、ボイストレーニングが9割」と断言しています。コンクールや舞台で結果を出している人ほど、練習の時間のほとんどを「基本的な発声練習」に費やしているそうです。

私は、「基本＝自分を支える軸」だと考えています。

人間関係でも、仕事でも、勉強でも、結果を出している人は、何よりも「基本」や「基礎」を大切にしています。

私は、ANAを退職しましたが、何年たっても、何度も繰り返した飛行機のドア操作は、今でも、忘れません。体にしみこませた基本は、自分を支える「要《かなめ》」となるのです。そして、その基本を積み重ねることこそが、自分に自信を持つための、大きな要素となるのではないでしょうか？

人から好かれる人もそう。まずは、挨拶、笑顔、身だしなみ、といったコミュニケーションの「基本」を体得し、徹底してやり続けることが大切なのです。

011

「HOW(どうすれば?)」で考えれば、必ず相手の役に立てる

私が現役CAだったころ、尊敬する先輩から、「お客様を笑顔にしたければ、いつも『HOW(どうすれば)』で考えなさい」と教えていただきました。

先輩は、「お客様が飛行機を降りるとき、『ありがとう』と思わずCAに言いたくなるようなサービスをしようと、毎便、毎便、心がけていた」そうです。

おもてなしに、画一化された正解はありません。その人、そのとき、その場所によって最良の選択は変わります。

だからこそ、感じ取る力、発想する力、想像する力を発揮して、「どうすれば目の前の人に喜んでもらえるのか?」を考えることが大事になります。

「言われたことだけ、決められたことだけをやっていればいい」と思っていると、思考停止状態になってお客様に寄り添うことができません。お客様の心に残るサービスをするには、マニュアルの一歩先をイメージして「HOWで考える」ことが大切です。

鉄鋼王と呼ばれたアメリカの実業家アンドリュー・カーネギーも、出世ができない人には、

【1】言われたことができない人

【2】言われたことしかできない人

の2つの特徴があるといっています。

あるとき、機内のスーパーシートに、何度も咳込んでいるお客様がいらっしゃいました。私が「お風邪ですか？」と声をかけると、弱々しくうなずきながら、「ノドが痛むのだけど、大事な会議があって休めなくてね」と困った表情を見せられたのです。

私は、「お客様に少しでも元気になっていただくには、どうしたらいいか？」を「HOW」で考え、私が、子どもの頃から、風邪をひいたときにしている「紅茶のうがい薬」をおつくりしました。

すると、お客様はとても喜んで、飛行機を降りるとき、「先ほどは、ありがとう」と、わざわざ私に言いに来てくださったのです。そのときの、お客様の笑顔を、私は忘れることができません。具合が悪そうなお客様のために、「自分にできることは何か?」を考えて行動し、その結果、お客様の笑顔がみれたことが、なにより嬉しかったのです。

「HOW」で考えれば、なにかしら、必ず相手の役に立てる

シンガポールに出張に行ったときのことです。

宿泊先のホテルに、日本人の女性ホテルマン(Mさん)がいらっしゃいました。**この女性は、ホテルに勤務してまだ「8カ月」しかたっていないのに、驚くことに、お客様から「40通ものお礼状」をいただいていました。**

あるとき、日本人の老夫婦が、5日間の日程でホテルに滞在されたそうです。ところがお2人は、いつ、何をするのか、まったく予定を立てていませんでした。

そのことを知ったMさんは、「シンガポールを楽しんでいただきたい」と願い、頼まれたわけでもないのに、「5日間の観光プラン」を立てて、ご提案したのです。

それだけではありません。滞在中の5日間、毎日ご夫婦に声をかけ、お2人のご要望をうかがいながら、プランをつくり直しすることもあったそうです。

「仕事」という枠組みの中で考えれば、観光プランの提案は、Mさんのやるべきことではありません。お客様から頼まれたわけでもありません。

けれどMさんは、常に「HOW（どうすれば？）」で考え、「相手の役に立ちたい」という思いで行動をしています。そこまでするMさんだからこそ、多くの人に喜ばれ、「40通ものお礼状」をいただくことができたのですね。

私はいつも水筒を持ち歩いているのですが、ある日、ゴムパッキンをつけ忘れ、カバンの中に水をこぼしてしまいました。

移動中の駅のホームで気づき、駅員さんに事情を説明して、「ビニール袋はありませんか？」と聞いてみたのですが、返ってきたのは、「ありません」のひと言だけ。

その事務的な返事に、私は、目の前でいきなりドアを閉められたような、なんともやり場のないさみしさを感じました。もし駅員さんが「HOW」で考えてくださったなら、「ノー」だけで終わらせなかったように思います。

「売店にレジ袋があるかもしれません」「改札を出るとコンビニがあるので、そちらに行かれたらどうでしょうか？」といった、間接的な解決策を提示できた気がします。

できることは限られていても、決して「ノー」で終わらせない

私の友人のCA、マサさんは、国際線のチーフパーサー（客室全体の責任者）をしています。先日、彼女と食事をしたとき、「マサさんは、仕事をする上で、どんなことに気をつけているの？」と聞いてみました。

彼女の答えは、「ノーで終わらせない」ことでした。

マサさんの勤務中に、ひとりのお客様が、「汗だく」のまま搭乗されたことがありました。お客様はマサさんに、「機内でハンカチは売っていますか？」と声をかけました。あいにく、ハンカチは販売していません。

「お客様、申し訳ありませんが、機内ではハンカチは売っておりません」とマサさんはお詫びをしたのですが、彼女は、「ノー」で終わらせませんでした。

ハンカチの代わりに、汗をふく「オシボリ」と、ノドを潤す「冷たいお飲み物」を

すぐにお持ちしたのです。

離陸後、お休みになられたお客様を見て、マサさんは「よほど疲れていらっしゃるのだろう。疲れているときには甘いものがほしくなるかもしれない」と考え、お目覚めになられたあとにも声をかけ、「お疲れのときに、ぜひ召し上がってください」と、キャンディーを差し上げたそうです。

お客様は「助かったよ」と笑顔で飛行機を降りられたそうです。マサさんの行動はハンカチ以上の価値があったのではないでしょうか。マサさんが「ノーで終わらせなかった」からこそ、心に残るサービスができたのです。

「ノー」で終わらせることは誰にでもできます。でも、困っている人がいたら、「どうすれば助けてあげることができるか」「どうすれば喜んでいただけることができるか」を「HOW」で考えてみましょう。**今の自分にできることは限られているかもしれませんが、「ノー」で終わらせないことを考えたいものです。**ささいなことでも、必ず「自分にできること」「自分にしかできないこと」があるはずです。あなたの小さなやさしさが、相手に大きな喜びを与えることを忘れないでくださいね。

Column

「挨拶」は、簡単ではない。何度も練習をして身につけるもの

「無印良品」(株式会社良品計画)の松《まつ》井《い》忠《ただ》三《みつ》・元会長(現名誉顧問)に、個別にお話をうかがったことがあります。

松井さんは、「挨拶」をとても大事にされていました。

「挨拶はコミュニケーションの基本であり、それができない組織は、何をやってもダメ」と考えていて、社内に、「朝の挨拶当番」(朝8時から、出社してくる社員に挨拶をする係)をつくられています。

松井さんご自身も、月に1回は「朝の挨拶当番」をしていました。

開始した当初は、「小学生みたいなことをはじめたぞ」と、いぶかしく思った社員もいたそうですが、たかが挨拶、されど挨拶です。

挨拶は、ちゃんと練習しないと身につきません。挨拶が「習慣」になるまでは、意識して、練習をしていくことが大切なのです。

たった「1秒」相手と向き合うことで、人間関係が大きく変わることがあります。

挨拶には、そんな大きな力があるんですね。

第2章

One second's consideration for others would make big change

【機会】あなたも「チャンスがやってくる人」になれる

012

「スマップ」の木村拓哉さんは、どうしてCAの印象に残るのか？

ＣＡ（客室乗務員）の友人６人に、「印象に残っている芸能人は誰だったのか？」聞いてみたことがあります。すると、なんと６人中３人のＣＡが同じ人物を挙げました。「スマップ」の木村拓哉さんです。

その理由は、

「飛行機に乗ってきたときから、降りるときまで、『１００％キムタク』だったから」

フライト中はプライベートな時間ですから、リラックスしてもいいはずです。実際、素顔を見せてくつろぐ芸能人の方も多くいらっしゃいます。

けれど木村拓哉さんは違いました。一睡もせず、だらしない格好も見せず、凛《りん》として、空の上でも「木村拓哉のまま」だったそうです。

なぜ、木村拓哉さんは、「100％キムタク」に見えたのか、友人CAに聞いてみると、「覚悟と自信が大きいからだと思う」と、話してくれました。

トップアイドルとしての覚悟と、アイドルであり続ける自信を持っているからこそ、一瞬も気を抜かないのではないでしょうか。

どこで、誰に見られても、自分のイメージを崩さない。少しでもダラけた姿を見せれば、ファンを悲しませることになります。

そのことがわかっているからこそ、木村拓哉さんは、セルフイメージをしっかりコントロールされているのだと思いました。

熊本県熊本市にある「本蔵院《ほんぞういん》」の門前には、偉人たちの「格言」が月替わりで紹介されています。2015年の10月には、木村拓哉さんの言葉が掲げられました。

「手を抜く方が疲れる　SMAP木村拓哉」

ラジオ番組の中で「いつも忙しいから疲れることも多いでしょう？」と質問された木村さんは、「いえ。手を抜くほうが疲れますから」と答えたそうです（「週刊女性」／2015年12月8日号参照）。

この言葉にも、常に全力で「100%キムタク」であろうとする覚悟と自信がうかがえる気がします。

といっても、木村拓哉さんも、最初から、「100%キムタク」だったわけではないと思います。「こうなりたい」「こうあるべき」というイメージを持ち続けた結果として、「100%キムタク」ができあがったのではないでしょうか。

◯「100%、◯◯だ!」と思い込めば、未来は大きく変わる

私は7回目のCA試験に落ちたあと、「『CAになる!』という覚悟が足りないのではないか!」と反省し、試験に合格してもいないのに、勝手に「自分はCAだ」と思い込むようにしました。

そして、普段から「CAになったつもり」で生活するうちに、表情、態度、言葉づかい、挨拶、服装が少しずつ変わっていきました。

その当時、飛行機に乗ろうと思って空港のカウンターに行くと、CAと間違われた

ことがあります。グランドスタッフの方から、「フライトおつかれさまです」と声をかけられたのです。そのときの私は、「100％CA」に見えたのかもしれません（笑）。

今振り返ってみると、私が8回目の試験で合格できたのは、「自分がなりたい姿」をイメージして、「100％CA」を心がけたからではないでしょうか。CA試験の合格と不合格を分けたのは「覚悟と自信」の強さにあったのかもしれません。

私は今、「日本一の講師だったら、どう振る舞うか」「『100％松澤萬紀先生』でいるには、どうしたらいいのか」を考えて行動しています。

「100％松澤萬紀先生」でいようとしたら、だらしない格好はできません。疲れていても、背筋を伸ばす。普段から口角を上げて表情をつくる。常に、使う言葉を丁寧にする。

人に見られていても、見られていなくても、「自分のなりたい姿」を演じ続けていると、いつしかそれが、「本当の自分」になると思います。

「なりたい自分」になったつもりで立ち居振る舞いを変えることで、未来は大きく変わっていくことでしょう。私は、いつも、そう思っています。

013

「小さな約束」を守るからこそ、「大きな信頼」につながる

新橋に、私が大好きな「豆腐料理」の料理店があります。

私がそのお店に通っているのは、料理の味はいうまでもなく、素朴で人懐こい大将の笑顔に「また会いたくなる」からです。


飲食店激戦区の新橋で、35年以上、お店を続けてこれた秘訣を大将にうかがったことがあります（ちなみに、「周囲のお店は、35年の間に、95％変わってしまった」とおっしゃっておりました）。すると大将は、

「お客様との約束は、どんな小さなことでも守ること」

と教えてくださいました。

「『忘れてました』とか『できませんでした』と言った瞬間に、お客様の信頼を失っちゃうからね。といっても、もう65歳だし、忘れっぽくなっているから（笑）、絶対に忘れないように、あちこちに『メモ』を貼っておくんだよ。今日、松澤さんに頼まれていた『豆腐ドーナツ』のことも、ほら、ここにメモしてあるよ」

「どんな約束でも守る」ことは、「相手のことを大切にしている」という気持ちのあらわれです。

「契約」のような大きな約束は、誰もが守ろうとします。けれど、「大きな約束」だけが守るべき約束ではありません。

むしろ、「小さくて、些細な約束」を守り続けるほうが、相手に信頼されることがあります。

「約束には、大小も、強弱もない」

私は、当たり前でありながら、とても大切なことを、大将に教わった気がします。

私が、はじめて書いた本『100%好かれる1%の習慣』(ダイヤモンド社)と、はじめて対面したのは、大田区にあるお寿司屋さんでした。

80歳を超えたご主人が腕をふるう、居心地のいいお店です(私がこのお店に入ったのは、そのときが最初です)。私は、そのお店で、できあがったばかりの本を、担当編集者さんから、直接、受け取りました。

嬉しさあまって、お店のご主人にまで「この本、私が書いたんです! 来週、発売です! 子どものようにかわいいです!」と「親バカ」っぷりを発揮すると(笑)、ご主人は初対面の私に「凄いね~! よかったね! 絶対買うからね!」と「共歓《きょうかん》」してくださいました。

お店を再訪したのは、それから1年近くたってからだと思います。

なんと、ご主人は私のことを覚えておいでで、しかも、約束どおり、「ほら、本、買ったよ!」と、私の本を見せてくださいました。近くの書店には売っていなかったので、わざわざ取り寄せてくださったそうです。

社交辞令で終わらせず、1年前の口約束をしっかり守ってくださったご主人の気持ちが嬉しくて、私はご主人のファンになりました。今では私の「行きつけのお店」です。

小さな約束を守ってもらえたら、喜びも何倍にもなる

私は、埼玉県のある書店で、うれし涙を流したことがあります。

その書店は、創業約140年の老舗、「須原屋《すはらや》」の武蔵浦和店です。

「須原屋・武蔵浦和店」で、前著『100%好かれる1%の習慣』が「ワゴン展開」されたことがありました。

大きく展開していただいたことを知って、武蔵浦和店にご挨拶にうかがったのですが、「嬉しい」と思う一方で、「どうして、著者デビューしたばかりの無名の私を応援してくださるのか？」、その理由に思い当たりませんでした。

すると、ビジネス書担当の草皆《くさかい》さんが、こんなことをおっしゃったのです。

「2年前に、約束しましたから」

前著が出版される2年ほど前に、（須原屋が入っている）ショッピングセンターで研修の講師を務めさせていただきました。

研修には、草皆さんも受講されていて、私はこのとき、草皆さんに「本を出すことが決まりました。これから執筆をするので、本が出たら、どうぞよろしくお願いします」と、挨拶をしたのだそうです。

「そうです」と書いたのは、お恥ずかしいことに、2年前のそのときのやりとりを、私は、すっかり忘れていたからです。

でも、草皆さんは、2年も前にした私との約束を忘れていませんでした。

「松澤さんの本が出るのを、2年間、楽しみにしていました。待ちに待った本ですから、お約束どおり、力を入れて販売させていただきます」

草皆さんの誠実さに心を打たれ、私は涙をこらえることができませんでした。

自分も忘れているほど小さな約束でも、相手が覚えていてくれると、それだけで嬉しいものです。

「今度、調べておきますね」
「機会があったら、ご紹介させていただきますね」
「またお電話しますね！」
「ぜひ一度、食事に行きましょう」

こうした「小さくて、些細な約束」を社交辞令で済ますのか、きちんと約束を果たすのか。そこに、その人の人柄が透けて見えるような気がします。

たとえ相手が忘れていても、こちらが忘れていいということはありません。**相手も覚えていないような「小さな約束を守る」ことが「大きな信頼」につながるのだと私は思います。**

約束した以上は、どんな約束でも、必ず守る。とは言え、「小さな約束」を守ることは、想像以上に大変なことです。私も、失敗することは、たびたびあります。

だからこそ、自分の口から発した言葉には、責任を持てるようになりたいですね。

014

「わかりやすさ」は、それだけで武器になる

「東京スバル株式会社」の15周年記念式典で、1000名の社員の前で講演をさせていただくことになったとき、東京スバルの下《しも》川《かわ》良一《りょういち》社長は、私を登壇者に選んだ理由を次のように話してくださいました。

「松澤さんにお願いしようと思ったのは、ご著書に共感したからです。とてもわかりやすくて、腑に落ちました。これだけわかりやすく本を書ける方なら、社員にもわかりやすく話してくださるのではないか。そう思って、声をかけさせていただきました」

私が栄《は》えある機会をいただけたのは、「わかりやすさ」に理由があったわけです。

（株）リクルートのグループ企業で、当時、日本一の営業成績を上げたHさんに、「日

本一になれた秘訣」をうかがったことがあります。

Hさんは秘訣を「2つ」教えてくれました。ひとつは「相手の名前を効果的に呼ぶこと」。もうひとつは**「小学校6年生にもわかるように、わかりやすく話すこと」**です。

専門用語や業界用語は、お客様にとってははじめて耳にする言葉です。するとお客様の中には、知っているフリをする人がいます。「知らない」とは言い出しにくいからです。だからHさんは、最初から、誰が聞いてもわかる言葉（相手が小学校6年生でも理解できる言葉）に変換して、「わかりやすく」伝える工夫をしているそうです。

その結果、多くのクライアント様から信頼されるようになり、Hさんは、「日本一のセールスパーソン」として表彰されました。

Hさんにしても、私にしても、大きなチャンスをつかむことができたのは、「むずかしい内容をわかりやすく伝える努力をした」からです。

わかりやすさ＝「自分の頭の中」と「相手の頭の中」を近づける

前著『100%好かれる1%の習慣』を書くとき、私と担当編集者さんが、もっとも意識したのは、「わかりやすさ」でした。**私が考える「わかりやすさ」とは、「私の頭の中のイメージ（思い浮かぶ映像や描写）」と、「相手の頭の中のイメージ」を近づけていくことです。**

ひらがなの「あ」は、誰が見ても、同じ「あ」に見えますよね？　それと同じです。話をするときも、文章を書くときも、「私の頭の中のイメージ（映像・描写）」を相手の頭の中にそのまま投影するには、どうすればいいか？」を考え、私は次のような工夫をしています。

【人前で話すとき】

- いつもより、声を「1・5倍」大きくする
- 「間」をつくって、ゆっくり話す
- 「主語」を省略しない（「誰が〜をした？」「何が〜をした？」をはっきりさせる）
- 身近な事例を入れる

【文章を書くとき】

- 「主語」を省略しない（「誰が〜をした？」「何が〜をした？」をはっきりさせる）
- 句読点の位置を考える
- あいまいな言葉を多用しない（たぶん、だいたい、朝イチ　など）
- 手書きのときは、文字を「大きく」書く
- 身近な事例を入れる

もちろん、人それぞれ、頭の中で考えていることは違うので、100％同じにするのはむずかしいことです。けれど、100％同じに近づけるように工夫をすることが「わかりやすさ」であり、「やさしさ」です。イメージが近くなればなるほど、「あの人の言っていることはよくわかる」と共感してもらえるようになります。

自分の書いた文章や、自分の話した言葉が「わかりにくい」としたら、それは相手の理解力に問題があるのではなく、書き手や話し手が「わかりやすく伝える工夫」をしていないからかもしれません。「わかりやすさは武器になる」のですから書くときも話すときも、誰にでも100％伝わるよう「わかりやすさ」を心がけたいものですね。

015

「10年の経験」を積んだ人だけが、「一人前」と呼ばれる

毎年、寒い時期になると、顔を出すおでん屋さんがあります。先日、顔なじみのご主人に、「どうやったら、おいしいおでんが簡単につくれますか？」と軽い気持ちで質問してみました。

すると、いつもは笑顔を絶やさないご主人が、このときは真剣な表情を見せて、私を諭《さと》すように言いました。

「萬紀ちゃん、この店では、簡単なものは出していないよ。おでんといったって、1日やそこらで覚えられるほど、簡単なものではないからね。3年あれば、ひと通り、料理のことを覚えることはできる。けれど、いつもと違う醤油を使っても、いつもと違う鍋を使っても、『同じ味』のおでんをつくれるようになるには、10年はかかる。

大事なのは、たくさん経験することだよ」

プロ意識を持つご主人に対し、思慮を欠く質問をした自分が恥ずかしくなりました。**「一人前になりたければ、10年の経験が必要」というご主人の言葉に、「仕事への向き合い方」を教わった気がします。**

私はマナー講師になって7年ですが、まだまだ、未熟です。おでん屋のご主人のように、「どんな状況に陥っても、同じレベルの仕事ができる」ほど、習熟してはいません。

研修の当日に会場が変わったり、人数が変わったり、研修テーマが急に変われば、きっと動揺するでしょう。先日も、機材の調子が悪くてスライドの投影がうまくいかず、うろたえてしまったことがありました。

「10年で一人前」だとすれば、私にとって残りの3年は「どんな状況に陥っても、同じレベルの仕事ができる」ようになるための修業期間です。

人はハプニングに見舞われるほど、「一人前」に近づいていける。そのことに気づいてからは、予想外の状況に直面しても、「今、自分は試されているんだ」と前向きにとらえることができるようになりました。

「経験した時間」こそが、その人の武器になる

経験した時間は、「その人の歴史」です。

経験した時間は、「その人の評価」です。

経験した時間は、「その人の武器」です。

私自身のキャリアを振り返ってみても、プロとしての入り口に立つためには、「10年の経験」という時間が必要だったと思います。


CAとして、12年間勤務していましたが、楽しいことばかりだったわけではありません。「もう嫌だ、もうダメだ、もう限界、辛い、辞めよう」と何度思ったことか(笑)。

けれど、途中で辞めなくて、本当によかった。途中で投げ出していたら、「今の私」はなかったはずです。私が「会社を辞めたい」と友だちに相談をしたとき、友だちは、こんなアドバイスをくれました。

「本当に本気で辞めたいと思ったら、辞めようかどうしようか迷っている間もなく、上司のところに勝手に足が向くから、それまでは大丈夫。続けるべきだよ」

私が講師としてお招きいただけるのは、「CAの現場で、12年間、辞めずに続けてきた」という実績を評価していただいているからです。マナー講師としてのキャリアは10年に満たなくても、「CA時代の12年」があったからこそ、「今」があります。

以前、リクルートの『タウンワーク』（求人情報）が「その経験は味方だ。」というテレビCMを放映していたのを覚えていますが、私も、「経験は味方になる」と思います。

マナー講師としてはまだまだ半人前で、今も、なお、勉強の毎日です。

それでも、人前でお話することができるのは、「CAとしての12年間」で身につけた経験と、自信が拠り所になっているからです。

知識や技術は、個人の努力によっては、短期間で身につけることができるかもしれません。でも、「経験」だけは、一人前になるのに「10年」という時間がかかります。

それでも腐らずに、小さな努力を続けていくことが大切なのですね。

「10年もかかるのか！」と思うかもしれませんが、ひとつのことをやり続けて10年を過ぎたとき、きっとその意味が、体感覚的に理解できるはずです。

「10年の前に、まず3年」を頑張った人にしか見えないもの

2012年の3月に卒業した新卒が「3年以内に就職先を辞めた人の割合（離職率）」は、大卒でおよそ3人に1人（32・3％）だそうです（厚生労働省調べ／新規学卒者の離職状況より）。離職の理由でもっとも多いのは、「キャリア成長が望めないから（25・5％）」（Vorkers「働きがい研究所」調べ）で、全体の4分の1を占めています。「長い下積み時代よりも、早く次のステップに進みたい」という思いが強いのかもしれません。

私は、転職に反対しているわけではありません。心身を壊してしまうほど追い込まれているのなら、無理をせず、自分の気持ちにしたがったほうがいいと思います。ですが、「今が嫌だから」と、目の前の状況から逃げるように辞める人は、次の新しい職場でも、また「今が嫌だから」という理由で辞め、転職を繰り返す可能性があります。

会社の「人間関係」を理由に転職をする人の中には、

「会社が変われば人間関係も変わる。そうすれば、仕事ももっと楽しくなる」と考えている人が多いようです。

ですが、アンケート調査によると、「転職によって人間関係の満足度が高まった」と回答した人は、わずか「21％」にすぎず、「以前より、下がった」と回答した人のほうが多い（24％）という結果が出ています。そして「変わらない」が55％です（[en]転職コンサルタント調べ）。

転職したからといって、人間関係の問題が解決するわけではないのですね。**結局は自分のコミュニケーション力を磨いて、「自分の力」で問題を乗り越えていかないかぎり、転職先でも、同じようなトラブルに追いかけまわされることになります。**

最近では、「『石の上にも3年』は無用」という論調も見受けられますが、どんな仕事にも、「年数を重ねないと見えないこと」があるのかもしれません。

10年の前に、まず3年。3年間、その会社で頑張った先には、あなたを輝かせる未来がきっとあるはずです。「まずは3年を目標」に一緒に頑張ってみませんか？

016

「元気」が良ければ、それだけで選ばれる理由になる

Tさんは、現在、69歳。古希《こき》（70歳）を目前にしながら衰えとは無縁で、やる気と、元気と、バイタリティーにあふれています。「what's new?（何か新しいことはないか）」が口グセです。

Tさんはかつて、メーカー（K社）に勤務していました。今から40年以上前、K社がアメリカ進出を決めたとき、会社を代表して現地に赴任したのがTさんです。

当時、Tさんは「どうして自分にそのような大役が回ってきたのか」、その理由に心当たりがなかったそうです。英語は話せないし、優秀な人材はほかにもいる。それなのに、なぜ、自分なのか。

上司に理由を尋ねてみると、たったひと言だけ、返事が返ってきたそうです。

「元気があるから」

現在では、多くの日本企業が海外進出をしていますが、40年前は、アメリカに法人を置く日系企業は少なかったはずです。先が見えない環境の中で事業を立ち上げるには、語学力や学歴以上に、「元気があること」が必要だった。だから「元気がいいTさんが抜擢された」のです。

ANA時代の先輩、総合職のYさんも、「元気の良さ」でチャンスをつかんだ人です。当時、採用倍率100倍以上といわれたANAに、どうして自分は就職できたのか。Yさんは、入社後、採用担当者にその理由を聞いてみたことがあるそうです。答えは、

「Yさんは、元気そうに見えたから」

TさんもYさんも、選ばれた理由は、「元気（そう）に見えた」からです。

元気がある人は、上昇志向、希望、やる気、満足、前向きといった明るい期待を与えることができます。

「元気」はそれだけで武器になり、「元気」はそれだけで選ばれる理由になるのですね。

○元気な「フリ」が、未来のチャンスにつながっていく

ＣＡの仕事は、「感情労働」といわれています。「感情労働」とは、自分の感情をコントロールして、相手の感情に働きかける仕事のことです。

ＣＡは、常に笑顔で接客をすることを求められます。私は先輩ＣＡから**「松澤さん自身が楽しんでフライトをしてください。元気じゃないときも、元気なフリをして飛んでください」**と教えられたことがあります。なぜなら、元気には、「伝染する作用」があるからです。

飛行機が揺れて「怖い」と思っても、体調が悪くても、失恋の悲しみから立ち直っていなくても、先輩に怒られて落ち込んでいても、お客様の前では本心を隠し、笑顔で振舞う。元気な「フリ」をする。ＣＡが笑顔を絶やさなければ、お客様が不安になることはありません。安心して空の旅を楽しめます。

安心するのは、お客様だけではありません。フライト・クルーの中に、元気な人がひとりでもいると、フライト自体が楽しくなります。

研修講師の仕事も「感情労働」です。だから私は、「どんなことがあっても、いつも明るく元気でいたい」と思っています。

祖父の葬儀と研修日が重なってしまい、お葬式に出れなかったことがありました。私は祖父が大好きだったので、心の中はおだやかではありませんでした。けれど、登壇した以上、私は元気なフリを続けました。私が落ち込んでいたら、受講者も不安になって、身が入らなかったと思います。

私が研修中に、椅子に座らないのは、疲れたそぶりを見せたくないからです。講演台に（受講者には見えないように）松田聖子さんの写真や、「私は女優」と書いた紙を置いているのも（笑）、「聖子ちゃんのような笑顔をつくろう！」「元気な松澤先生を演じきろう！」と思っているからです。

たとえ元気ではなくても、元気なフリをしてみましょう。口角を上げて笑ってみましょう。「元気なフリ」はやがて、「本当の元気」に変わるのです。元気な人ほどチャンスをつかむ。「元気なフリ」がチャンスにつながる。私は、強く強く、そう思います。

017

「一生、お付き合いするという姿勢」を、お客様は見抜いている

ある航空会社では、「お子様へのサービス」として「おもちゃ」をお配りしていましたが、いっとき、経費削減などの理由から、「おもちゃの配布中止」が検討されたことがあります。でも結局、「おもちゃ」がなくなることはありませんでした。

子どもは未来の顧客です。未来の社員かもしれません。子どもは、未来を切り開いていく存在です。

だからこそ、その航空会社がおもちゃを残したのは、「ファンづくり」というマーケティングの観点よりも、

「お客様と、一生のお付き合いをさせていただきたい」

という、おもてなしの気持ちがあったからだと思います。

先般、ある学生が、自動車販売店で受けた対応を「Twitter」に投稿しました。販売店に入ったところ、「門前払い」にあったそうです。

投稿によると、「学生なのに販売店に来たこと」について、誠意のない対応をされたそうです。この学生にとっては「今のお客さんしか大事にしてないような店舗だった」と感じたことでしょう。

このツイートは、数日間で数千の「リツイート（他のユーザーのツイートを、自分のタイムラインに表示すること）」を集め、インターネット上で話題になりました。

投稿の内容が事実だとするならば、この販売スタッフに、「お客様と、一生、お付き合いする」という思いがなかったのかもしれません。

購入の決め手は「人を見て」判断している

一方、私は、別の自動車販売店で、この高校生とは正反対の「誠実な対応」を受けたことがあります。

私はこれまでクルマを購入したことがなく、自動車販売店に敷居の高さを感じていたのですが、そんな私でも、緊張せずにクルマを見ることができました。


その販売店は、相手を見て接客を変えることがありませんでした。

「クルマのことがよくわかっていない私」に対しても、「すでに契約をしているお客様」に対しても、「とりあえず見に来ただけのお客様」に対しても、同じように挨拶をして、笑顔を見せ、ドリンクをサービスしていました。

おそらく、私の接客をしてくださったスタッフは、「購入するか、しないか」という利害関係で人とつながろうとしているのではなく、

「お客様と、一生、お付き合いしたい」

「自分以外の人を幸せにしたい」

「少しでも協力したい」

という、人間的なつながりを大切にしていたのだと思います。短期的な売上よりも、

来店してくれた方と接する、商談、購入、車検、点検、買い替えなど、顧客とより長く、より密接に付き合うことを前提に、お客様と接していたのではないでしょうか。「3年後、5年後、10年後も、このお客様とお付き合いをするにはどうしたらいいのか」を考えているからこそ、相手の気持ちに深く寄り添うことができるのです。

私はこの後、いくつかの自動車販売店を見てわかったことがあります。それは、**クルマを購入する決め手は、車種のラインアップや値引き以上に、「人を見ている」**ということです。

「このクルマを買いたい」ではなくて、「この人だったら信用できる」「この人となら長いお付き合いができる」と思うセールスマンに出会えたら、少しくらい値引き率が低くても、条件面でもの足りなくても、購入を決める可能性が高くなります。

目先の利益だけを追求すると、お金に代えがたい「人とのつながり」が切れてしまいます。ですが、「お客様と、一生、お付き合いする」という気持ちを持って人と接すれば、その関係は、「未来」へとつながっていくはずです。

018

「笑顔・挨拶・丁寧」こそが、感じのいい人の条件

前著に掲載した、私のプロフィール写真は、カメラマンの野口修二さんが撮影してくださったものです。

野口さんとはこの日が初対面で、それ以降、しばらく、お仕事をご一緒する機会はなかったのですが、野口さんのことは、強く心に残っています。なぜなら、野口さんが、仕事に対するプロフェッショナルな姿勢はもちろんのこと、とても「感じがいい人」だったからです。

人の記憶に残るのは、「ものすごく感じがいい人」か「ものすごく感じが悪い人」のいずれかしかありません。もし野口さんが、アシスタントを頭ごなしに怒鳴るような人だったら、たとえカメラの技術があっても、「感じが悪い人」として心に残った

はずです。また、すべてが「普通」で、感じが良いわけでも、感じが悪いわけでもなければ、野口さんのことは記憶に残らなかったかもしれません。

カメラマンに野口さんを選んだのは、担当編集者の飯沼一洋さんです。雑誌の編集者から書籍の編集者に移り、「写真」の撮影に立ち会う機会が減った飯沼さんにとって、野口さんとのお仕事は、じつに「10年ぶり」だったそうです。

ではどうして飯沼さんは、10年も仕事をしていなかった野口さんに撮影を依頼したのでしょうか？　私は、気になって、飯沼さんに聞いてみました。

その答えは、野口さんの「カメラの腕が一級」なことも、もちろんですが、飯沼さんの心に10年間も残り続けるほど、飯沼さんにとって、野口さんは「相談しやすく、感じがいい人」だったからでした。

2人が一緒に撮影をしていたのは、10年以上前のことです。けれど、野口さんと仕事をしたあとの「気持ち」は飯沼さんの心に「ポジティブな感情」「プラスの感情」として、強く残っていました。

だから、野口さんを選んだのだと思います。誰でも「気持ちよく仕事ができる人」

と一緒に仕事がしたいですよね。

「感じがいい」というと抽象的ですが、人の記憶は、時間の経過とともに、「この人は感じがいい、感じが悪い」「この映画はおもしろい、つまらない」「この料理はおいしい、おいしくない」といった「大まかな印象」として残っていくものです。

マーケティングの名著である『マーケティング22の法則』（アル・ライズ／ジャック・トラウト／東急エージェンシーより引用）によると、「マーケティングにおける最も強力なコンセプトは、見込客の心の中にただ1つの言葉を植えつけることである」「いったんあなたが人々にこうだと認識されたら（中略）もはや別のタイプの人間にはなれない」と述べています。**つまり人間の脳は「数多くのことが起こってる毎日の生活」の中で、細かいことよりも「たった1つの印象」を覚えることを優先しているのでしょう。**そして、一度、相手の心の中に定着すると容易に変わらないのですね。

◯「感じがいい人」になるには、笑顔・挨拶・丁寧

では、どうすれば「感じがいい人」になれるのでしょうか。

2003年に行われた調査によると、「感じがいい人」の特徴は、「笑顔」が35・3％ともっとも多く、「挨拶をする」（24・3％）「丁寧に接する」（5・1％）と続いています（※7）。

つまり、「感じがいい」という印象を与えるには、「いつでも笑顔で、挨拶をし、丁寧に接する」ことが大切なのです。

私が「初対面の人」と会話をするときに、気をつけていることがあります。

「初対面だと思わせないこと」（相手に緊張感を与えないこと）です。

そのために、「笑顔を見せる」、「相手に体を向ける」（体の前面を相手に向けると、安心感を与える）、「自分から歩み寄って話しかける」ようにしています。

「そんな当たり前のことでいいのか？」と思われるかもしれませんが、いいんです。「当たり前のことを誰にでもできる人」は、じつは、非常に少ないからです。

「感じの良さ」は持って生まれた素質ではなく、「心がけ」によって身につくものです。相手に寄り添う気持ちを持って、「いつでも笑顔で、丁寧に、挨拶をする」。たったそれだけで、誰でも「感じがいい人」として、相手の心に残れるはずなのです。

Column

森川亮さんに教わった部下の指導法

（株）LINEの元CEOで、現在は、C CHANNEL代表でいらっしゃる森《もり》川《かわ》亮《あきら》さんにお話をうかがったことがあります。森川さんにお話をうかがいたいと思ったのは、ご著書『シンプルに考える』を拝読したことでした。森川さんは、ご著書の中で、「正しい目的を達成するために必要なことであれば、自分がどう思われようが、率直に相手に伝える」と書かれていて、どのように部下を指導していらっしゃるのか、ぜひ、お話をうかがいたくなったのでした。

実際にお会いした森川さんは、大きな木のように、まわりを包み込む空気をお持ちの方でした。お優しい外見から、厳しい指導をなさるようには見えなかったのですが、企業のトップとして、厳しく指導されることもあるそうです。

ただ、森川さんの場合、厳しく指導した後には、部下を食事に誘うことが多いようです。誰でも厳しく指導されると落ち込みます。**でも食事の席で「フェイスtoフェイス」で語ることで、厳しく指導されたことは、自分を思ってこその厳しさだったと、実感することでしょう。**

森川さんの愛にあふれた、部下の指導法だと、素直に感じました。

第3章

One second's consideration for others would make big change

【習慣】気がきく人の「1秒の習慣」を身につける

019

「オルタネート仕事術」で、不測の事態でも結果を出す

フライトプランでは、天候やトラブルの際の「オルタネート」が必ず想定されています。

オルタネートとは、「目的地空港」が、天候不良や事故などの影響で着陸に使用できなくなったときの「代替空港」のことです。

どんなに天気が良くても、100％目的地に着けるとはかぎりません。だから、「オルタネート（代替策）」を必ず用意しているのです。

フライト乗務前に行う「プリ・ブリーフィング（事前の短い打ち合わせ）」では、オルタネートの確認も行われます。たとえば、

「目的地は札幌。オルタネート1は旭川。オルタネート2は東京リターン」

と、オルタネートを用意しておけば、仮に天候の影響で札幌に着くことができなくて

も、ただちに、リスクを回避することができます。

講師の仕事でも、オルタネート（代替策）は必要です。「研修で使用するテキストを郵送したのに、届いていなかった」「機材のトラブルでスライドが使えなくなった」という不測の事態が何度かありました。それからは、何が起きても、どんなときでも研修ができるように、オルタネートを持つように心がけています。

オルタネートを「2つ以上」用意しておけば、万全になる

オルタネートは、「不測の事態が起きたときのための備え」ですが、「一重」のオルタネートでは、まだ安心できません。

私は、オルタネートは最低でも2つ、「オルタネート2（代替策を2つ）」まで用意しておきます。

以前、私は、「オルタネートをひとつしか用意していなかった」ために、ヒヤヒヤ

したことがありました。

研修で動画を流そうと思った私は、事前に「ＣＤ」に焼いていくことにしました。パソコンは会場でお借りすることになっていたのですが、オルタネート1として、念のため、自宅から私のパソコンを持っていくことにしたのです。

会場についてパソコンをお借りすると、事前に、確認していたにもかかわらず、そのパソコンはＣＤドライブがないタイプだとわかりました。これでは、持ってきたＣＤは使えません。

ですが私は、「オルタネート1」として、自分のパソコンを持参しています。「持ってきたパソコンを使えばいい」とホッとしたのもつかの間、今度は、私のパソコンと、プロジェクターのケーブルの規格が合わないことがわかりました。

結局、なんとかつなぐことはできましたが、セッティングに時間がかかってしまい、落ち着かない気持ちのまま研修をスタートしてしまいました。

もし私が、「オルタネート2」として、「ＵＳＢメモリー」にも動画をバックアップしていたら、「会場のパソコンにはＣＤのドライブがない」とわかった時点で、すぐにUSBメモリーを差し込むことができたはずです。

ソフトバンクグループの孫正義《そんまさよし》さんは、弟の孫泰蔵《そんたいぞう》さんに

「俺の場合は、たいてい四重五重は常に準備している。それでも足りないと思うとき、たとえば大勝負のときなどは七重から八重の構えが望ましいな」

と話したことがあるそうです（TAIZO SON'S BLOG／「リスクに対する構え」より引用）。

「不測の事態」や「変化」は特別なことではありません。仕事をしていれば、当初の想定とは違う展開になるのはよくあることです。

事態がどう転んでもパフォーマンスを落とさないように、選択肢を増やしておきましょう。オルタネート（代替策）があれば、どんな状況でもうろたえず、心を落ち着かせることができます。

孫正義さんのように、七重、八重のオルタネートを用意するのはむずかしいと思いますが、仕事の成果を確実に出すためには、オルタネートを最低でも「2つ」は用意しておきたいですね。

020

「ほめる」と「叱る」の割合は、2：1がちょうどいい

コミュニケーションにおいて、「ほめる」ことの大切さはよく知られていますが、「なぜ、ほめる必要があるのか」、その理由に気づいていない人が多いように思います。

ある大手企業の局長が「ほめるのは好きではない」というので、その理由をうかがうと、「自分が好かれたいために、相手をほめていると思われるのが嫌だ」とおっしゃっていました。

この局長のお気持ちもわかりますが、私ならこう考えます。**自分のためにほめるのではなく、「相手のため」にほめるのです。**なぜならば、ほめるという行為は「相手に自信を持たせるため」であり、「相手の背中を押してあげるため」だからです。

もちろん、相手の成長を望むなら、ときには厳しい指摘をしなければいけないこと

もあります。ですが、怒るだけでは相手を萎縮させてしまいます。自信を持たせることが目的なのに、逆に、自信を失わせてしまうかもしれません。

心理学者の中には、「ポジティブな感情とネガティブな感情がおよそ3：1の比率になっていると、人は意欲的に働くことができる」という研究結果を発表している方がいるそうです。

つまり、「1回叱ったら3回以上ほめることが必要で、それ以上、叱ってしまうと、人は自信を失う」というのです。

比率がいくつであれ、人の成長には、「叱る」よりも多くの「ほめ」が必要であると私は考えています。なぜなら、研修中、ほめることで多くの受講生が自信を持つ場面に、何度も出会っているからです。

叱る前に「ほめる」と、相手は自信を失わない

私がレッスンを受けているヴォイス・トレーニングの野口先生は、私が間違った声を出しても、「できていない」と頭ごなしに否定することはありません。「松澤さん、そのチャレンジはいいですよ。方向性は間違ってはいないですよ！」と最初に、私をポジティブに肯定してくれます。

そして、ポジティブな言葉で私の心を開いたあとで、「ここができていなかったので、こういうふうにすると、もっと良くなりますよ」と（ネガティブな）指摘をする。さらに、最後にもう一度、「大丈夫、松澤さんならできますよ！」とポジティブな言葉で後押ししてくれます。

先生は、私に嫌な思いをさせないように、工夫をしながら指導をしています。「ポジティブ→ネガティブ→ポジティブ」の順番でアプローチしてくださるので、私は自信を失うことなく先生の指摘を受け入れ、レッスンに励むことができるのです。

野口先生のように、「悪い点」を自覚させるために、前後に「良い点」をはさむ手法を、私は、「ＰＮＰコミュニケーション」と呼んでいます。

①良い点をほめる。過程に感謝する。相手を承認する（ポジティブ／Positive）

例：「頑張っていますね」「いつも、ありがとう」

②悪い点や改善点を指摘する（ネガティブ／Negative）

例：「○○すると、さらに良くなると思います」

③良い点をほめる。応援する。安心させる（ポジティブ／Positive）

例：「期待しています」「○○さんなら大丈夫」「これからも一緒に頑張ろう」「いつも感謝しています」

「ＰＮＰコミュニケーション」で伝えると、「相手の気持ちを尊重しつつ、問題点を明らかにする」ことができるのです。

ＣＡ（客室乗務員）の友人が、国際線移行訓練を受けていたとき、教官から、「あなたはサラダを盛り付けることもできないのか？　これではどっちが正面なのかわからない」と注意されたことがありました。友人は「主婦を15年もしてきたのに、私はサラダを盛り付けることもできなかった」と自信をなくし、とても落ち込んだそうです。

教官の言うことは、もちろん正しいのですが、論理的に正しくても、感情的に正しいとはかぎりません。仮に教官が「ＰＮＰコミュニケーション」を使っていたら、友人は、そこまで自信を失うことはなかったはずです。

①「さすがに主婦をしているだけあって、美味しそうに盛り付けているね」（ポジティブ）
②でも、これだと、ちょっと、どちらが正面かわかりにくいと思う。こうやって盛り付けたら、もっと見栄えが良くなるよ」（ネガティブ）
③「その調子で、これからも頑張ってね！」（ポジティブ）

人に注意を与える場合、その前後を「ポジティブな言葉」で挟まないと、ネガティブな言葉だけが剥き出しのトゲのようになって、相手の自尊心を傷つけ、やる気を奪ってしまう可能性があります。

ですが、最初に「Ｐ（ポジティブ）」があれば、相手の言葉を受け入れる「心の窓」が開くので、意欲を失うことはありません。

◯女優、天海《あまみ》祐希《ゆうき》さんに学ぶ「効果的なアドバイス法」

中村アンさん（タレント／モデル）は、天海祐希《あまみゆうき》さん（女優）から、「アドバイス」をされたことがあるそうです。ですが、その「アドバイス」に中村アンさんは「強く心を打たれた」といいます。

天海さんは中村さんに歩み寄って、まず、「あなたのこと好きよ」と声をかけ、そのあとで、こう続けたそうです。

「でも、もっと自分に自信を持って。もうちょっと勉強して品のある言葉づかいをしたほうがいいいんじゃない？」（「女性セブン」２０１５年7月23日号より引用＆参照）

天海さんは「好きよ」「自信を持っていい」というポジティブな言葉を使って、中村さんを肯定しています。そのうえで、「品のある言葉づかいをすれば、もっと素敵な女性になれる」という期待を伝えた。中村アンさんは、素直な気持ちで天海さんのアドバイスを聞くことができたのではないでしょうか。

相手の欠点や間違いが目についたときこそ、まず、相手をほめてみませんか？　そうすれば相手は自信を損なうことなく、あなたの言葉を前向きにとらえるはずです。

021

人は「手を洗う」だけでも、感情をコントロールできる

　ＣＡの仕事をしていて、いちばん、むずかしかったのは、「感情をコントロールして、いつもニュートラルな心を保つこと」でした。新人時代のことです。１便目でミスをして、かなり落ち込むことがありました。便と便とのインターバルの間も、そのことが気になり、ため息をついていると、後輩ＣＡの綾子さんが、私の落ち込んでいる気持ちを察してこう言ってくれたのです。

「萬紀さん、忘れましょう！　すっきりと気持ちを切り替えて、次のお客様をお迎えしましょう！」

　私は、綾子さんのこの一言で、我に返り、気持ちをリセットすることができたのです。この一言がなかったら、もしかしたら、いつまでもネガティブな気持ちを引きず

りながら、次の便もフライトしていたかも知れません。

私の父は、パイロットという仕事柄か、とにかく切り替えの早い人です。

父がまだ若いころ、念願叶って、ようやく手に入れたオートバイを、なんと「購入した翌日」に盗まれてしまったことがあります。それでも父は、「勉強になった」と言っただけで、まったく落ち込むそぶりを見せませんでした。さすが、です。

私は、父のように「切り替える力」が高くありません。ひとつの失敗をきっかけに、負の連鎖が重なってしまうことがあります。いつも、綾子さんがそばにいてくれるわけではありませんから、負の連鎖を断ち切る「自衛手段」が必要でした。

そこで私は、マイナスの感情に引きずられそうになったときは、気持ちをリセットするために、仕事中、落ち込むことがあると、口紅の色や制服の色を変えたり、手を洗うようにしました。これは、本当に効果があって、**ドイツのケルン大学の研究によると、「人は手を洗うことで、自分の失敗やそれによって生じたネガティブな感情を洗い流すことができること」がわかっています（※8）。**

◯「行動」をコントロールすれば、「感情」もコントロールできる

私は、「感情をコントロールすること」＝「人生をコントロールすること」だと思っています。では、どうすれば感情をコントロールできるのでしょうか？

臨床心理士の村松奈美先生は、「『行動』、『感情』、『思考』のうちのどれかひとつでも、プラスの影響を与えられる存在にできれば、残りの２つもプラスに転じる」とおっしゃっていますが（『人は心理学で永遠に幸せになれる』ワニブックスより引用）、この３つの中で、私は「行動」にフォーカスしています。

感情を切り替えるには、「感情」そのものに、直接、働きかけるより、「行動」に働きかけるのが、いちばん簡単でいちばん効果があると思います。

私が手を洗ったり、口紅やブラウスを替えたように、「行動」を変えることで、「感情」も次第にプラスに変わりはじめるのです。

アメリカンフットボールチーム「富士通フロンティアーズ」では、試合に勝ってい

るときも、負けているときも、試合中には、選手同士が「ハイタッチ」、「上を向く」、「笑顔で声をかける」などのポジティブなアクションを意識的にしています。とくに、「負けている」ときこそ、大きく、元気に、ポジティブアクションをし続けることで、自然に気持ちとパフォーマンスは上向いていくそうです。

日本一に導いた、元コーチの山田さんに、この話をうかがってから、私は研修の最後に、参加者のみなさんと「ハイタッチ」をするようになりました。研修を終えて疲れていても、ハイタッチをするだけで、参加者のみなさんも、私も、元気になれる気がします。「元気にハイタッチする」という行動が、私たちの感情にも元気を与えてくれるのです。

人生をコントロールするには、感情をコントロールすること。感情をコントロールするには、「ほんの少し、行動を変えてみること」です。

「気持ちを切り替えよう」「感情を立て直そう」という意識を持ちながら、「手を洗う」だけでも気分がすっきりして、新しい自分になれるはずです。

効果は、予想以上です、ぜひ、試してみてくださいね。

022

「モノに愛情をそそぐ」と、良い出来事が起こってくる

子どものころに見たテレビ番組で、ロサンゼルス・ソウル両オリンピックに出場した元新体操選手、秋山エリカさんは、「現役時代に、手具（道具）を抱きしめながら眠りについていたことがあった」…とおっしゃっていたと、記憶しています。

手具は、自分の体の一部と同じで、「手具と、もっと一体になりたい」という愛着があるのだなと、子ども心に、感動しました。

また、メジャーリーグのイチロー選手が、小学生の「どうやったら野球がうまくなりますか？」の質問にたいして、「バットやグローブなどの道具を大切にすることだよ」と答えたというのは有名な話です。

私もときどき、自著の本を抱きしめて眠ることがあります。

自著は、私にとって「わが子」のような存在です。だから、子どもを慈《いつく》しむように、本にも愛情を注ぎたくなります。


私は「直筆のPOP（ポップ）」を用意して、全国の書店を400回以上まわりました。

友人から、「著者が自ら書店をまわるなんて、大変だね」と言われたこともありましたが、たとえ、大変でも、やめようと思ったことはありませんでした。

わが子（本）を応援してくださる書店さんに、母親（著者）が、ご挨拶にうかがうのは、当然のことだと思っていたからです。


元パイロットだった父は、引退するまでの38年間、フライト前は、必ず、操縦桿《そうじゅうかん》をなでながら、「今日もよろしく」と親しみを込めて語りかけていたそうです。命を預ける飛行機と心を通わせようとしていたのかもしれませんね。

私も、父の気持ちが、とてもとても、わかります。

研修会場では、必ず、お世話になる会場に対して、「ひとりでも多くの方々の、お役に立てますように、今日は、よろしくお願いします」と語りかけます。

◯「自分が本当にいい!」と思ったものは、熱の入り方が違う

サービスを提供するときも、商品を売るときも、自分が扱っているものに対して、誰よりも愛情を持っている人は、素敵にみえます。

自分がいちばんに愛してこそ、その商品は、人からも愛される気がします。愛していれば、自信を持ってその商品を人にすすめることができますよね。

「自分が本当に良い!」と思ったものは、やはり熱の入り方が違いますから、その商品の良さを熱く語るだけで、自然と売れていくものなのです。

大手広告代理店で、当時、史上最年少で部長になったIさんは、クライアントを「自分の家族が勤めている会社」だと見立てているそうです。

「自分の家族がお世話になっている会社だと思ったら、邪険にはできません。その会

社の商品に愛情を感じますよね？」とおっしゃっていました。

仮に、家電メーカーA社の担当になったとすると、自宅の家電をすべてA社の製品に買い換えるそうです。

Iさんが「史上最年少」で部長に大抜擢されたのは、クライアントに注ぐ愛情が、誰よりも大きかったからではないでしょうか。

自分が扱っている商品やサービスを好きになれないと、「心の底から相手にすすめる」ことができません。

ひとつでも多く、その商品の「いいところ」「好きになれるところ」を探して、愛情をかける努力をしてみましょう。

その商品のことが好きになれば、無理して言葉をつくらなくても、自分の思いが自然と言葉にのって、相手にも伝わるはずなのです。

023

一流の人は、どうして「靴下の替え」を持ち歩くのか？

以前、礼法を学んでいたとき、師範から「訪問先にうかがったときには、事前に靴下を履き替える」ように教わりました。

畳の上で食事をし、お茶を点ててきた日本では、「清浄《せいじょう》」の象徴として、白い足袋《たび》を着用する習慣があったそうです。

靴下を履き替えるのも、「礼の心」のあらわれであり、清浄の象徴です。湿った足裏で訪問先に上がってしまうと、礼を失することになります。

3、4年前に、家電量販店のエディオングループが、「白靴下でご訪問・気持ち篇」

というテレビコマーシャルを放映していました。

「商品の工事や据付《すえつけ》設置《せっち》などでお宅にうかがう際には、新しい白靴下に履き替え、外の汚れを持ち込まない」という姿勢は、1回1回の機会を大切にしようとする同社の心配りなのでしょう。

また、自分のニオイには慣れているため、靴下（足）の蒸れやニオイは、自分自身では気づきにくいものです。

20～50代の男女に「お座敷や新幹線、車など、靴を脱ぐこともある場で、自分や他人の足のニオイが気になったことはありますか？」という質問をしたところ、87％の人が「ある」と答えたそうです（株式会社ライオン調べ／2015年）。

自分では臭くないと思っていても、もしかしたら、周囲の人はあなたのニオイを不快に思っているかもしれません。

セールスパーソンを対象としたビジネスマナー研修の中で、私は「替えの靴下や携帯用スリッパを持参しましょう」とおすすめしています。ですが、9割の方が「さすがに、そこまでする必要はない」と考えています。

なぜなら、靴下やスリッパを用意したところで、会社の人事評価や処遇が良くなるとはかぎらないからです。残念ながら「直接的な評価につながること」や、「目に見えること」だけを気にかける人が多い気がします。

「見えないところをきれいにすると、見えるところが光り出す」

株式会社パナソニック（旧、松下電器）の創業者、松下幸之助さんは「見えないところをきれいにすると見えるところが光り出す」という言葉を残しています。

「Apple」の創業者、スティーブ・ジョブズは、外側からは見えない内部の配線にまで目を配り、**「偉大な大工は誰も見ないからといって床裏にひどい木材を使ったりしない！」**という言葉を残しています。

9割の人が、「見えるところだけ」にしか力を注ぎません。だからこそ、「見えないところ」に気を配れるようになると、松下幸之助さんやスティーブ・ジョブズのように、人に感動を与える偉業をなしとげることができるのです。

訪問先へ行くときは、靴下の替えや携帯用スリッパを持っていく。
自宅でも、外出先でも、トイレを使ったら、キレイにしてから出る。

仕事も、人間関係も、一見地味で目立たないことが、じつは非常に大切だと思います。
目に見える結果を残したいのなら、見えないことにも手間と時間をかける。それが、多くの気づきを与えてくれて、一流の人になる最短距離な気がします。

ところで、あなたの靴下は、汚れてはいませんか？

024

「プラス1％の努力」が、プラス100％の成果になる

今から3年ほど前、大阪にあるA社から「ビジネスマナー研修の講師をしていただけないか？」というご依頼をいただきました。

A社とは、それまでも何度かお仕事をしたことがあったのですが、そのときの私は、体力面の不安を抱えていて、東京と大阪を何度も行き来する自信がありませんでした。そこで、やむなくお断りをすることに。

ところが、数日後、「松澤さんでなければダメなんです。どうしても松澤さんに講師をしてほしい！」と再度、ご連絡をいただいたのです。

どうして私でなければいけなかったのか、その理由をA社の担当者、Cさんにうか

がったところ、

「『人の役に立ちたい』という気持ちが目に見えるから」

という、ありがたいお返事をいただきました。

「松澤さんは講師なのですから、講師として登壇するだけでもいいはずです。それなのに、当社の社員と一緒になって、会場の受付、整理、誘導まで手伝ってくださいます。お願いしたわけではないのに、わざわざ講演用の「動画」をつくってくださったり、事前にアンケートを取ってくださったり、私たちのために労を惜しまず協力する松澤さんの姿勢は、社員の手本になります。だから、松澤さんにお願いしたいのです」

仕事の本来の目的は、「人の役に立つこと」です。

私は、常々、「人を幸せにするお手伝いがしたい」と思っています。

「自分のため」に仕事をするよりも、「人を幸せにするため」に仕事をしたほうが、結果的に、多くのものを受け取れる気がします。

とはいえ、自分を犠牲にしているわけではありません。「他人に喜んでいただくことが、自分の喜びにもつながる」のです。

人のために仕事をすれば、喜びも、「2倍」になる。目の前の人が笑顔になると、自分もうれしくなる。

自分の心に喜びを味わわせることと、人に喜んでいただくことはつながっていて、「自他一体《じたいったい》」なのだと思います。

◯「プラス1%」でも、100回続ければ、プラス100%になる

私が、受付やテーブルセットをお手伝いしたのは、「普通のことをやっているだけでは、普通の結果しか出ない」「普通の結果では、お客様を感動させることはできない」と思っているからです。

普通のこと以上のことを考えて、普通のこと以上のことをやるから、お客様は、普通以上に、喜んでいただけるのではないでしょうか。

といっても、特別なことや、大きなことをしようと思っているわけではありません。自分にできることを「プラス1%」だけでいいから上乗せをして、

「もっと、お客様に喜んでもらえることをしよう」

「もっと、ほかの人がやらないことをしよう」

と心がけています。


一度に「大きなこと」ができなければ、「小さなこと」を積み重ねていけばいい。一度に200％の努力をする（100％の上乗せする）のはむずかしい。けれど、「プラス1％」なら、誰にでもできます。

プラス1％でも、100回続ければ、それが、やがて「プラス100％」になって、お客様に200％の喜びを与えることができますよね。


「これは私の仕事じゃない」と見て見ぬふりをしないで、頼まれたこと、期待されたことよりも、ほんの少し多くのことをする。

たとえ、プラス1％でも、それをやり続けていけば、誰かが、どこかで、必ず見ていてくれるはずです。

あなたが今できる「プラス1％」を考えてみませんか？

025

笑顔には「3つの笑顔」がある

空の上で、500万人以上のお客様と接してきてわかったことがあります。
それは、笑顔には、「3つのタイプ」があるということです。

①【自然と出る笑顔】
おいしい食事をしているとき、好きな人に会ったとき、友だちに会ったとき、楽しい会話をしているときなどに、自然と出る笑顔

②【損得でつくられた笑顔】
「買わせよう」という思いが透けて見える接客用の笑顔。「良く思われよう」という下心を感じさせる笑顔。心がともなっていないつくりものの笑顔

③【相手の心を救う笑顔】

相手のためにつくる笑顔。①や②のように、「自分の気持ち」のあらわれとしての笑顔ではなく、「相手の気持ち」を心地良くするための笑顔。相手のために、たとえ、自分がしんどくてもつくる笑顔

ＣＡが意識しているのは、「③」の笑顔（相手を救う笑顔）です。

私が現役のころ、先輩から「つらいときこそ、笑ってね」とアドバイスをいただいたことがあります。

「松澤さん、ＣＡは、落ち込んでいるときも、疲れているときも、泣きたいときも、笑顔を忘れてはダメ。なぜなら、ＣＡの笑顔は、お客様のためにあるのだから。飛行機が揺れているときも、松澤さんのその笑顔を見たら、お客様は怖くなくなるはず」

私は先輩から、「笑顔には、人の心を明るく、やさしく、おだやかにする力がある」ことを教わりました。笑顔は、自分のためのものではなく、人を元気にしたり、励ましたりするためにある。そのことに気がついてから、私は、心配事があるときでも、笑顔でいられるようになったのです。

◯「相手のための笑顔」は、いつまでも記憶に残り続ける

私が講師として登壇したセミナーで、アシスタントに付いてくれた広美さんは、謙虚で、素直で、屈託がなく、愛くるしくて、場を和ませる雰囲気を持った女性です。広美さんは元ＣＡ（客室乗務員）で、偶然にも、私の父（元パイロット）と同じ航空会社に勤務していました。私は父に、広美さんのことを覚えているか、聞いてみたことがあります。

航空会社にはたくさんのＣＡが勤務していますし、私の父は現役を引退して日がたっています。父が広美さんのことを知らなくても当然です。けれど、父は「広美さんか、よく覚えている」と答えたのです。

「あの子は、いつも笑顔で、とても愛嬌《あいきょう》のある、明るい子だった」

しかも、父が広美さんと出会ったのは、「30年」も前のことです。

当時、私の父は、「厳しくて、怖いパイロット」として有名でしたが（笑）、そんな父が、広美さんのことを「とても愛嬌のある女性だった」とほめていました。30年た

った今でも覚えているなんて、よほど印象に残ったのだと思います。

後日、私は「父が広美さんのことを覚えていた」ことを彼女に伝え、そして、「人間関係で何か努力をしていらしたのですか？」と尋ねてみました。すると広美さんは「はい」と即答し、

「相手に不快な思いをさせないために、いつでも、どこでも、誰が相手でも、笑顔で接するように心がけていたこと」

を教えてくれました。

嬉しいときはもちろんですが、苦しいときでも、悩みがあるときでも、広美さんは笑顔を忘れなかった。その積み重ねが、色あせない笑顔となって、30年の時を経ても、父の心に刻まれたのです。笑顔は何年たっても人の心に残るのですね。


俳優の別所哲也《べっしょてつや》さんがナビゲーターを務めるラジオ『J-WAVE TOKYO MORNING RADIO』に出演させていただいたことがあります。

私はメディアへの出演にも慣れていませんし、しかも生放送ということもあって、足が震えるほど緊張していたのですが、その緊張を一気に解いてくださったのが、別

所哲也さんの満面の「笑顔」でした。

満面の笑みをたたえながら、「松澤さん、今日は、よろしくお願いします！」と挨拶してくださったとき、私は、一瞬にして、やさしい陽光に包まれたような、あたたかな気持ちになれました。

別所さんの笑顔は、私にとって「③（相手を救う笑顔）」の笑顔でした。別所さんが「私のために」笑顔でいてくれたから、私は安心して、心を開くことができたのです。

いつもより「1・5倍」大げさに笑えば、相手に伝わる

あるショッピングセンターで、接客研修の講師を務めたことがあります。研修が終わりに差し掛かったとき、男性スタッフのひとりに、「今日、いちばん頑張ったことは何ですか？」と質問をしてみました。すると彼は、「笑顔です！」と答えたのです。

ところが、私には、残念ながら、彼が笑顔でいるようには見えませんでした。その理由は、彼の表情が乏しかったからです。

笑顔の評価は、「相手が決めるもの」です。自分では笑顔のつもりでも、他の人か

ら見ると、笑顔に見えないことがあります。相手側にとって、笑顔に見えなければ、それは「笑顔」ではありません。

私は「③（相手を救う笑顔）」の笑顔をつくりたいなら、いつもよりも、「1・5倍」大げさに笑うことを心がけています。

日本人は、笑顔が苦手といわれていますが、日本人と外国人との笑顔の違いは、どこにあると思いますか？「口角（口の両端）」の上げ方にあります。

外国人は口角をしっかり上げて笑いますが、日本人は口ではあまり笑いません。ですから、表情が伝わりにくいのです。

大事なのは、口角を上げて、「誰が見ても、好感の持てる笑顔」をつくることです。

そのためには、日頃からの練習も必要です。私が習慣にしているのは、鏡の前で「ラッキー」「ハッピー」と、「イー」で終わる言葉を繰り返し発声することです。たったこれだけで大《だい》頬骨《きょうこつ》筋《きん》が鍛えられて、キレイな笑顔をつくることができます。

笑顔には、見る人を幸せな気分にする不思議な力があります。**いつもより、「1・5倍」大げさに笑うだけで、誰でも、その力を使いこなすことができるのです。**

026

相手が本当に嬉しいのは、「過程」に感謝してくれること

私は、「感謝には、2つの感謝」があると感じています。

「結果の感謝」と「過程の感謝」です。

フライト先で「ステイ（運航宿泊）」をしていると、ときおり、地方の日本酒の「銘酒」と出合うことがあります。

私は、あまり、お酒を飲まないのですが、知り合いにプレゼントをするのが好きなので、珍しいお酒を見つけると、買って帰ることがありました。

友人にお酒をプレゼントしたとき、「これは珍しいお酒だね。ありがとう」とお礼をいただくのですが、この「お酒に対するありがとう」が、「結果の感謝」です。

私はプレゼントしたすべての人から、「結果の感謝」をいただいたのですが、ひとりだけ、「ありがとう」のあとに、「過程の感謝」を一緒に添えてくださった方がいます。

「松澤さん、このお酒のビンは、持って帰ってくるの、重かったでしょう」

私は、救われた気がしました。なぜならば、本当に重かったからです（笑）。しかも割れやすいので、３泊４日の乗務の間、気をつけて持ち運ばなければなりません。この方は、私がお酒を買ってからプレゼントするまでの「過程」の大変さを想像し、共感し、労《ねぎら》いの言葉をかけてくださいました。私はそのことが嬉しかったのです。

多くの人が、「結果」にのみ、「ありがとう」を言います。

でも、その結果に至るまでの「過程」にも感謝を向けることができれば、もっと広く、もっと深く、もっとあたたかく、相手の心を豊かにできる気がします。

ファーストクラスに乗務する友人のＣＡに、「ファーストクラスに乗るお客様の共通点」を聞いたことがあります。彼女は、こう答えてくれました。

「どんな些細なことにも、『ありがとう』を言ってくださる方が多い」

ＣＡは、一人ひとりの空間を演出するために、一つひとつのサービスに心を込めています。ファーストクラスのお客様は、その「過程」の苦労（努力）を想像できるからこそ、小さなことにも「ありがとう」を言えるのだと思います。

◯「過程の感謝」＋「結果の感謝」＝「本物の感謝」

社内研修が終わって、参加者にアンケートを取ると、１００人にひとりくらいの割合（１％）で、「研修内容」に関する「結果の感謝」だけでなく、研修の準備に対する「過程の感謝」を述べてくださる方がいます。

「こんな素敵な研修をありがとうございました。準備が大変でしたね」

「人事部の方々は、研修を開催するまでの時間、とても労力をかけられたと思います。ありがとうございました」

研修は、講師だけで成立するわけではありません。主催者との共同作業です。準備に感謝できる人は、そのことを想像できている人です。だから、講師の私にだけでなく、研修の機会をつくった人事部や総務部にも感謝を述べることができたのです。主催者は、「報われた」と感じたことでしょう。

一方で、「忙しい時期に、こんな研修を開かないでください。人事部のみなさんも、もう少し時期を考えてください」と書かれた方もいらっしゃいました。

この方には、残念ながら「研修を開くのが、どれだけ大変なことなのか」を想像する力がないように感じました。視点を「過程」にも向けることができれば、研修の内容や時期(結果)がどうであれ、「研修開催までご尽力いただき、ありがとうございます」と、問題点を指摘する前に、感謝をすることができると思います。

感謝の気持ちを伝える前に、「その結果に至るまでの過程」を想像するクセがある人は素敵です。「結果」と「過程」の両方に感謝の言葉を添えられる人は、わずかに「1%」。私は、「結果の感謝」と「過程の感謝」の2つが揃ってこそ、「本物の感謝」を伝えることができると思っています。

Column

乃木坂46さんの「気づかい」への意識

お手本になる人は、年上とはかぎりません。

ときに、自分よりもずっと年下の人から学ぶこともあります。私が、学ばせていただいたのは国民的アイドルの乃木坂46さんです。

乃木坂46さんとはテレビ番組で共演させていただきました。撮影当日は、日本を代表するアイドルの方々と共演することで、大変緊張していたのですが、そんな私の緊張を「1秒」でときほぐしてくださったのが生《い》駒《こま》里《り》奈《な》さん。

私が会場に入ると誰よりも早く席を立ち、さわやかな笑顔で挨拶してくださった生駒さんの「おもてなし力」にとても感動しました。番組進行中も、テレビに不慣れな私に対して、いろいろ声をかけ続け気づかってくださいました。生駒さんだけではなく、他のメンバーの方々も、「挨拶」「気づかい」は、私が10代だった頃とは比べものにならないくらい、しっかりしていました。

人を気づかう力は年齢に関係なく、できる人は日頃から意識しているのですね。彼女達が素敵に輝いているのは、「ハートフルな心を持っているからこそ」なのかもしれません。日本を代表する「アイドル」は、愛にあふれた「愛ドル」なのですね。

第4章

One second's consideration for others would make big change

【言葉】
人生を劇的に変える「言葉」の魔法

027

「あえて叱らない」ことが、相手を成長させる

私があるセミナーに（受講生として）参加したとき、登壇していた講師のFさんから、とても印象に残るお話をうかがいました。

その方は、以前、コンサルティング会社に勤務していたのですが、当時は、就業規則に反して、こっそり「バイク通勤」をしていたそうです。

ところが、運悪くバイク事故でケガをして入院し、約1カ月間、会社を休むことになってしまいました。

出社後、部長に呼び出されたFさんは、叱責されるのを覚悟しました。就業規則を破った上に、1カ月も仕事に穴を開けたのですから、叱られても無理はありません。

ところが部長は、叱るどころか、Fさんに「救いの言葉」をかけたのです。

「おまえも大変だったな」

それだけではありません。

「これで、おいしいものでも食べろ」と言って、「退院祝い（3万円）」を渡してくれたそうです。

Ｆさんは事故の直後から、自分のミスを認め、落ち込み、十分に反省していました。部長は、Ｆさんの様子を見て、そのことがわかっていた。だから、傷口に塩を塗るようなことはしなかった。猛省をうながすことよりも、「Ｆさんの気持ちに共感すること」のほうが、Ｆさんの、今後の成長につながると判断したのでしょう。

部長の心づかいに感服したＦさんは、「もう絶対にバイク通勤はしない。二度と部長に迷惑はかけない。この人についていこう！」と強く決意したといいます。

ミスをして落ち込んでいるときほど、声をかける必要がある

私も「この人についていこう！」と思った経験があります。

ＣＡ（客室乗務員）時代のことです。機内サービスの最中にオレンジジュースをこ

ぼし、お客様の衣服を汚してしまったことがありました。

幸い、お客様は怒ることなく、「大丈夫ですよ」と許してくださいましたが、フライトを終えても、私の心はザワついたままで、小さな心の痛みが残っていました。

デ・ブリーフィング（到着後のミーティング）がはじまると、チーフパーサーの田中さんは、フライトメンバーの後輩に、こんな質問をしたんです。

「今日は松澤さんがオレンジジュースをこぼしてしまいました。けれどお客様はまったく怒りませんでした。なぜだと思いますか？」

後輩が、「松澤さんがミスをしても、お客様に誠意を持って対応したからだと思います」と答えると、田中さんは私を見てから、

「そのとおりですね」

とやさしく頷いてくれたのです。

私は、あきらかにミスをしました。私は、落ち込み、反省していました。

田中さんはそんな私を見て、「この子はすごく反省しているな。原因を追究するよりも、折れた心を立て直してあげるほうが成長するはず」と察してくれたのだと思います。

だから、私のミスを咎めるどころか、その後の私の姿勢をほめてくださったのです。

私は、田中さんの言葉に救われ、「この人についていこう！」と思いました。

田中さんの「救いの言葉」を思い出すたび、今でも感謝の気持ちがあふれてきて、田中さんのような女性になりたいと思います。

「北海道日本ハムファイターズ」で内野守備走塁コーチをされている白井《しらい》一幸《かずゆき》さんの講演会に、数年前に、参加したときのことです。

白井さんは、講演会の中で、**「ミスをして落ち込んでいる選手ほど、声をかけて励まさないといけないのに、ほとんどの人が逆をやり、調子のいい選手に声をかけようとする」**とおっしゃっていました。私も同感です。

相手が何らかのミスをして、落ち込んでいたり、反省しているときに、説教や叱責によってその非を正そうとすると、相手を追いつめてしまうことがあります。

説教や叱責がたとえ正論であっても、いえ、正論だからこそ、一方的に責めたりしない。相手にとって必要なのは、正論ではなく、「心の支え」であり、次につながる「救いの言葉」なのですね。

028

「も」と「は」の違いが、人生を変える

「みなさま、本日は、ご搭乗いただき、ありがとうございます。この飛行機は○○○15便、福岡行きです」

これは、ある航空会社の機内アナウンスの一例ですが、じつは、このアナウンスに対し、お客様からクレームが入ったことがあったと、友人ＣＡから聞きました。

どこが問題なのか、わかりますか？　なぜお客様は気を悪くされたのでしょうか？

お客様からいただいたのは、「『本日は』という表現は、おかしい」というご指摘です。**「自分は何度も何度も搭乗しているのだから、『本日は』ではなく、『本日も』が**

正しいのではないか」と、このお客様は考えました。自分が軽んじられていると思われたのでしょう。

「も」と「は」のたった一文字の違いが、クレームにつながったのです。

その後、CAのマニュアルに変更が加えられ、

「本日『も』、ご搭乗いただき、ありがとうございます」

とアナウンスするようになったそうです。

タクシー会社をクライアントに持つ講師仲間に聞いたところ、「タクシー会社でも、たった一文字の違いでクレームになることがある」と話していました。ドライバーがお客様の行き先を復唱するとき、「疑問形」を使うと、クレームにつながることがあるそうです。

たとえば、お客様が「渋谷までお願いします」と言ったとき、「渋谷ですか？」と聞き直してはいけません。「なんだ、近すぎるから渋谷に行ってはいけないのか？」と非難されているように受け取る人が、ときに、いるからです。

「渋谷ですか？」ではなく、「渋谷です『ね』」と断定的に復唱する。語尾の違いだけ

ですが、「か?」の一文字で、お客様を不愉快にさせてしまうことがあるのですね。

◯「たった一文字の違い」が、自分と相手の人生を変える

たった一文字の違いで、言葉のニュアンスが変わります。たった一文字の違いで、受け取る側の気分が変わります。

秘書をしていた友人が、お客様に「コーヒー、紅茶など、お飲み物はいかがですか?」とお声がけしたとき、「コーヒー『で』いいです」と答えるお客様と、「コーヒー『が』いいです」と答えるお客様がいると聞きました。

「で」と「が」のたった一文字しか違いませんが、「でいい」は、「選ぶのが面倒くさい」「ほかに頼むものはない」といった否定的なニュアンスが含まれています。一方で、「がいい」は、「それがほしい!」という能動的な気持ちがあらわれています。

相手の気持ちになって「一文字」を吟味する。そうすれば、「でいい」よりも、「がいい」と答えたほうが、「相手の気持ちに寄り添っている」ことがわかります。

数年前、友人から届いた年賀状に、「まだ、マナー講師をやっているの？」と書かれてあるのを見て、私の心は、少しだけさみしい気持ちになりました。

「まだやっているの？」という言葉の中に「まだ、そんなことをやっているの？」というニュアンスが隠されているような気がしたからです。

友人に「悪気がない」のはわかっています。

けれど、一所懸命、頑張っていた私にとって、「まだ」のひと言はポジティブに受けとめることができませんでした。

言葉を受け取る側は、「言った人の意図」で受け取ってくれるわけではありません。

そんなつもりではなかったのに、何気なく口にした言葉が誤解され、相手を傷つけてしまうことがあります。だからこそ、「一文字」を大切にする気持ちを持ちたいものですね。

たった「一文字」を意識して変えるだけで、みなさんの人生が、そして相手の人生が変わり出すかもしれません。

029

大人としての「ニックネーム」の使い方

私は数年前、「はなまるマーケット」（ＴＢＳ系列）という朝のテレビ番組に、生出演させていただきました。打ち合わせ初日のことです。収録を数日後に控え、はじめての生出演で緊張していた私に、ディレクターの藪《やぶ》内《うち》康《やす》博《ひろ》さんはこうおっしゃいました。

「松澤さんは普段、何と呼ばれていますか？　ニックネームは何ですか？」

私が「親しい友人には、マッキーと呼ばれています」と答えると、藪内さんは

「では、これからはマッキーと呼んでもいいですか？」

と微笑み、「私のことは、ヤブと呼んでください」と続けたのです。

お互いが緊張していたら、いいアイデアは浮かびません。藪内さんは、私の心の不

安をくみ取り、なごませようとして、「名前の呼び方」を工夫してくださったのだと思います。実際、「ヤブさん」「マッキー」と呼び合うことで、そこから、心の距離が一気に縮むのを感じました。

私は、学校とは違う、「大人としてのニックネームの使い方」があることを藪内さんに教えていただいたように思います。ニックネームで呼び合うことで、初対面の相手とも、心の距離を縮めることができるのですね。

また、こんなこともありました。広告代理店の営業マン、Iさんのお宅で開かれたホームパーティーに、友だちにさそわれて招待されたときのことです。私は、このときはじめてIさんにお会いしたのですが、Iさんは、「マッキー、このワインおいしいから飲んでみたら？」「マッキーは、ここに座るといいよ」「マッキー、仕事は順調？」と、何度も「マッキー」と呼んでくださったのです。きっと、Iさんは、初対面で、心の距離を感じている私の気持ちを、察してくださったのでしょう。

知り合いのいない私は、はじめこそ居心地の悪さを感じていましたが、「マッキー」

と、何度も呼ばれるたびに、少しずつアウェー感を拭い取ることができました。

「マッキー」は、私にとって、いちばんなじみのある呼び名です。Ｉさんは、「どうすれば私の緊張をほぐすことができるのか」を考え、「マッキー」と呼んでくださったのです。

私が「壁の花（会話の輪から外れている女性のこと）」にならなくて済んだのは、Ｉさんが親しみを込めて「マッキー」と呼んでくださったからです。

ビジネスマナーの常識では、相手の名前を呼ぶとき「さん付け」や「役職名」で呼ぶことをすすめています。ですが、たとえ初対面であっても、状況によっては、お互いに「ニックネーム」で呼び合うことが「おもてなし」につながることもあります。

なぜなら、相手に対する親近感や信頼感は「呼び名」に顕著にあらわれるからです。

大切なのは、「相手との心の距離を、いかに縮めるか？」ということだと思います。

「相手が、今、呼ばれたいと思っている名前」を呼ぶ

私が尊敬するCA時代の先輩は、「さん」と「ちゃん」を上手に使い分けていました。「表」では「松澤さん」と丁寧に呼んで、裏では親しみを込めて「松澤ちゃん」と呼ぶ。あるいは、叱るときはビジネスライクに「さん」で呼び、励ますときは「ちゃん」で呼びます。呼び方を工夫しながら、コミュニケーションのハードルを下げてくださっているのです。

心の距離が近すぎると馴れ馴れしくなったり、息苦しくなります。一方、遠すぎると疎外感や不信感が芽生えてしまいます。

薮内さんも、Iさんも、先輩CAも、「今、この人はなんと呼ばれると嬉しいか？」「なんと呼んだら親近感を覚えるか？」を察し、名前の呼び方を工夫しながら、近すぎず、遠すぎない間合いを保ってくれたのだと思います。

間合いは、「間《ま》愛《あい》」です。「間愛」は、適度な心の距離です。正しい「間愛」は、相手の心を開かせます。「呼び名を工夫する」ことは、最高のおもてなしです。**「相手が、今、呼ばれたいと思っている名前を呼ぶ」ことができたとき、近すぎず遠すぎない、心地よい「間愛」を取ることができるのです。**

030

とっさの「気づかいワード」は、日頃の「準備と練習」が必要

人に何かをお願いするときは、少なからず、「申し訳ないな」という気持ちがわいてくるものです。そんな相手の気持ちを察して、気づかいのひと言＝「気づかいワード」を投げかけると、相手の心をあなたの言葉で優しく包み込むことができます。

私は、時々、友人や知人に「アンケート」をお願いすることがあります。そのアンケートは、仕事で使うもので、私にとって非常に重要なアンケートです。ただ、質問事項が多ければ多いほど、相手の時間を割いてしまうことになるので「大変申し訳ないな」という気持ちを抱えながら、アンケートをお願いすることになります。

その気持ちを察してか、アンケートの最後に、とてもあたたかい言葉を添えてくだ

さる方がいました。

•「アンケートのおかげで、私も自分を見つめ直すきっかけになりました。ありがとう」
•「研修頑張ってくださいね。萬紀さんのお手伝いができて嬉しいです」

そんな私を「気づかう言葉」に心が軽くなり、申し訳なく思っていた気持ちが救われた瞬間でした。

なかには、「アンケートはたくさんあったほうがいいでしょ。まわりの人にも聞いてみます」と言って、私の代わりにアンケートを集めてくれた友人もいました。私は、

●頼まれごとの後に「気づかいワード」を添えること
●頼まれごと＋「相手が喜ぶこと」をすること

の大切さを学んだのです。目の前の人を笑顔にしたいと思ったとき、大きなことをする必要はなく、ほんのささやかな「気づかいワード」と、「プラスアルファーの行動」で十分なのです。

私がシンガポールに出張に行ったとき、宿泊したホテルのスタッフ、Mさんにイン

タビューをさせていただく機会がありました。

Mさんのお仕事が終わってからお話をうかがう予定になっていたので、インタビューがはじまったときは、もう、夜22時を過ぎていました。当然、お疲れだったはずです。

私が「お疲れのところお時間をいただきまして、ありがとうございます」と感謝を伝えると、Mさんは、

「こちらこそ、ありがとうございます。私も松澤さんとお話がしたかったので、とても嬉しいです」

と言って、笑顔を見せてくださいました。そしてインタビューが終わったあとも、「今日は、松澤さんとお話ができて、とても勉強になりました。私でよければ、またいつでも声をかけてください」と私を気づかってくださったのです。

夜遅くにインタビューをお願いして、申し訳なく感じていた私は、Mさんの「気づかいワード」にとても救われました。

◯「気づかいワード」を使うには、日頃から練習が必要

小さな気づかいのひと言が、相手の心をほぐすときがあります。ですが、「とっさの場面」では、なかなか瞬時に「気づかいワード」が出てこないことがあります。

以前、NHKのアナウンサーが、「決められたことを話すのは得意だけれど、とっさのひと言を、うまく操るのはむずかしい」と話していました。

「話す」を仕事にしているプロのアナウンサーでさえ、とっさに相手を気づかうのはむずかしい。「気づかいワード」を使えるようになるには、日ごろから「準備」や「練習」をしておくことも必要です。私の場合、心に響くフレーズと出会ったときは、必ず「メモをとる」ようにしています。

言葉のセンスは、何もしなければ磨かれません。けれど、「相手の心に届くひと言を伝えたい」と意識したときから、伝わり方が変わりはじめます。「相手の気持ちを軽くしてあげたい」という思いを持って人と接する。それだけのことで、使う言葉の質が、徐々に、変わってくるのです。

Mさんのように、常日頃から、相手を気づかう言葉を発していると、「思いやりのある人」として、相手の心の中に、永く住み続けることができるでしょう。

031

たったひとりの「信じているよ」のひと言で、人は救われる

たったひとりでもいいから、真剣に、本気で、自分を信じてくれる「味方」がいれば、人は輝くことができると思います。

高校時代の同級生、S子は、音大に進んでピアノを学んでいたのですが、大学卒業後に、ピアノをやめてしまいました。先生との関係に悩んだ末の決断です。

先生の厳しすぎる指導が、S子には、教育という名の「悪意」のように映ったようです。

心の痛みに耐えかねたS子は、母親に相談します。

ですが、信じてもらえませんでした。母親が信じたのは、S子ではなく、先生でした。

「あの立派な先生が、イジメのようなことをするはずがない。あなたの思い過ごしよ！」

と一蹴《いっしゅう》されたそうです。

なんとか卒業までは耐えたものの、その後、彼女にピアノを続ける気力は残されていませんでした。

のちにS子は、**「誰に言っても信じてもらえなかったことが、いちばん苦しかった」**と話していました（現在は、ピアノとは別の音楽活動で活躍しています）。

誰かひとりでもいいから、S子の「味方」になってくれる人がいたら、彼女の心の傷は、もっと早く癒されたのかもしれません。

フィジーに留学中、ホストファミリーの家で「ダニ」に噛まれたことがありました。ベッドにダニがいたのだと思い、ホストマザー（ホームステイ先の母親）に伝えると、マザーは、「うちには、ダニなんているわけないわ！」と信じてくれません。フィジーでは、ダニを認めることは「家が汚い」ことを認めることになるからです。マザーは不機嫌になり、その日の夜は、口をきいてもらえませんでした。

ですが、ホストファザー（父親）だけは、私の味方になってくれました。「マキのことを信じているよ」と声をかけてくれたのです。このひと言で、私の心は、本当に救われました。

◯「信じてくれる人」が、ひとりでもいれば救われる

あるとき、私の父が、こんなことをつぶやいたことがあります。

「子どもはいいな。どんなときでも親の味方でいてくれるから」

私にとって、パイロットで努力家の父は、とても強い存在です。スーパーマンにも見えた父も、じつは、弱さを持つ人間なのだと思いました。「どんなことがあっても、私はお父さんの味方だし、お父さんは私の味方。そのことがわかっているだけでも、生きていくエネルギーが湧いてくる」ことに気がついたのです。

私はCAの試験に7回も落ち、ようやく8回目で合格しましたが、当時の私は、何度落ちても、不思議と「絶対にCAになれる！」という自信を持っていました。

どうして自信を持てたと思いますか？

それは、「家族や友人が、決して、私の夢を否定しなかった」からです。私がいつかＣＡになることを疑わなかったからです。「家族が味方になってくれた」からです。何度、試験に落ちても、誰ひとり「もうＣＡになるのは、あきらめなさい」とは言わなかったから、私は落ちても、落ちても、頑張れました。

誰かひとりでもいいから、自分を信じてくれる人がいれば、自信を持って生きていけるのだと思いました。そして私は、当時、数十倍の倍率の中から選ばれてＣＡになれたのです。

どんなに強そうに見えても、人間は弱さを持っています。目の前に困っている人がいたら、自信をなくして佇《たたず》んでいる人がいたら、涙にくれている人がいたら、「あなたなら大丈夫」「信じているよ」

と、ひと言でいいから、声をかけてあげてください。

あなたが「この人を信じてあげよう」と思ったとき、必ず、その思いが、相手の人生を好転させる力になります。「信じているよ」は弱さを強さに変える力があるのです。

032

「ネガティブな冗談」が、相手を傷つける

数年前に友人と「新年会」を開いたときのことです。講師仲間のTさんが、新年会の主催者である私のことをみんなの前で紹介してくださるときに、「松澤さんは、こう見えても酒癖が悪いからね〜、ハハハハハッ!」と話したのです。

けれども、私は、残念ながらお酒が飲めない体質ですし、Tさんの前で酔っぱらったこともありませんでした。

Tさんが、なぜそのようなことを、みんなの前でおっしゃったのか、真意がわからなかったので、新年会の後、どうして私のことを「酒癖が悪い」とみんなの前で言ったのか聞いてみました。するとTさんは、「マナー講師とは違う一面をご紹介したほ

うがみんなにウケると思った」とおっしゃったのです。Tさんとしては、会場を盛り上げるために、ほんの冗談のつもりでおっしゃったようですが、本当のところ、私は、「酒癖が悪い」と、みんなの前で言われたことは、あまり気持ちの良いものではありませんでした。仮に、私が、お酒が飲めて、本当に酒癖が悪かったとしても、みんなの前で言われることには抵抗があると思います。

たとえ「冗談」であっても、相手を傷つけてしまうものは、もはや「冗談」ではなくなってしまうと思っています。もしかしたら、自分がほんの冗談のつもりでも、相手を深く傷つけてしまうことがあるということを、そして、「自分はそんなことぐらいでは傷つかない」と思ったとしても、「相手と自分はまったく違う人間であり、傷つくかどうかは相手が決めるもの」と考えることで、「冗談」の内容も変わってくると思います。

冗談を言うなら「ポジティブな冗談」を言おう

私は、冗談には2種類あると思っています。「ネガティブな冗談」と、「ポジティブな冗談」です。

「ネガティブな冗談」は、相手をネタにして笑いを取ろうとしたり、聞いている人を不快な気持ちにさせる冗談のこと。Tさんの冗談は、私にとって、残念ながら「ネガティブな冗談」でした。

「ポジティブな冗談」は、誰も傷つけず、誰も不幸にせず、まわりの人に明るい話題を提供する冗談のことです。

私の友人が参加した、結婚披露宴での出来事です。披露宴を盛り上げるスライドショーが機器の不備で映らなくなってしまいました。そのとき、司会者が、機転を効かせます。新郎が「水まわりの住宅機器メーカー」に勤めていることを引き合いに出して、「水に流して、次に行きましょう！」と冗談を言ったのです。このひと言で会場に笑いが起きて、気まずい雰囲気を吹き飛ばしました。司会者が口にした「ポジティブな冗談」がまわりを明るくしたのです。

先日、前著『100%好かれる1%の習慣』の本が「400万部超えのベストセラーになった夢」を見ました（笑）。

自分でも「ずいぶん都合のいい夢を見たな」と思いながら、ダイヤモンド社の営業部の市川《いちかわ》治夫《はるお》さんに夢の話をしました。すると市川さんは笑いながら、

「松澤さんなら、いけるかもしれませんよ。もし、夢のとおり、400万部になったら、私が個人的に、松澤さんの銅像を建てますよ（笑）」

とポジティブな冗談で返してくださったのです。そのとき私は、「松澤萬紀像の前に立つ市川さんの姿」を想像し、微笑ましい気持ちになりました。冗談を通じて市川さんと思いを共感し合えたことが、私にはとても嬉しかったのです。

私の知人で、実力派のライターであるYさんは、日頃から、できるだけ「ネガティブな冗談」を言わないようにしているそうです。Yさんは、

「話のネタとしては面白くても、ネガティブな冗談は、相手の解釈によって、ときに、ものすごい誤解を与える恐れがあるので、できるだけ言わないようにしている」

と、おっしゃっておりました。

私から見たら、「言葉の魔術師」のような、プロのライターさんでも、人を不快にしてしまうことがあるそうです。だとしたら、私たちはなおのこと、「ネガティブな冗談は人を傷つける」ことを強く心に留めておく必要がありそうですね。

033

一生涯、支えられるひと言。一生涯、傷つけられるひと言

私は、月に一度、ある販売店で、「おもてなし研修」の講師を務めたことがあります。全6回で、半年間の研修でした。

社員のみなさんは、とても熱心に私の話を聞いてくださいましたが、その中にひとり、気がかりな女性がいました。M美さんです。

彼女は、とても素敵な女性なのに、なぜか、なかなか笑顔を見せてくれなかったのです。

みなさんに「笑顔になってもらう」のも私の仕事のひとつですから、彼女がときおり、小さく微笑むたび、

「今の笑顔、すごくよかった」

「今の笑顔で、疲れが取れた」

「今の笑顔に癒された」

とほめるように心がけました。すると、半年後、最後の研修が終わったときに、M美さんが、こんな話を打ち明けてくれました。

「松澤先生、ありがとうございます。松澤先生にほめていただいたおかげで、笑うことが好きになれました。それまでは、笑うことが嫌いだったんです」

どうして彼女は、「笑うこと」が嫌いになったのでしょうか。どうして笑顔を見せなくなったのでしょうか。


それは、M美さんの母親の「悪意のないひと言」が原因でした。


M美さんは、「子どものころ、お母さんから『あなたの笑顔は招《ま》き猫《ねこ》に似ているわね』と言われたことがあって、それ以来、鏡に映る自分の笑い顔が招き猫に見えたんです。それが嫌で」と打ち明けてくださいました。

招き猫は、「商売繁盛」などの幸せを招く縁起物です。お母さんがM美さんの笑顔を招き猫にたとえたのは、欠点を取り上げようとしたからではありません。むしろ、娘の福相《ふくそう》をほめたかったのだと思います。

けれど結果的に、お母さんの何気ないひと言が、残念ながら、M美さんを苦しめてしまったことになります。

言葉には、受け取る側を傷つけてしまう力があります。一方で、相手を励まし、幸せにする力もあります。

M美さんは、言葉の力によって傷つき、そして、言葉の力によって（笑顔をほめられたことによって）、自信を取り戻しました。

あなたのひと言が、相手を一生支えることがある

マナー講師として駆け出しのころ、大手企業が主催するビジネスマナーの講師を担当したことがあります。

ところが、当時の私は登壇経験が少なく、実績も乏しかったため、セミナー前、緊張して、ドキドキしていました。

そんな私を救ってくれたのが、人事部長のSさんです。Sさんは、以前、私の講座を見終わったとき、こんなひと言をかけてくださいました。

「松澤さんは、100人にひとりの講師ですね。まるで、研修業界のイチローです！」

私を勇気づける「お世辞」だとわかってはいますが、それでも私は、Sさんの力強い言葉に支えられました。

今でも緊張する場面では、「自分は、100人にひとりの講師だから、大丈夫！」とSさんの言葉を思い出しています。

私はSさんから、「一生涯、その人を支える言葉」をいただいたのです。

言葉には、「一生涯、その人を傷つける力」と、「一生涯、その人を支える力」があり、私たちが思っている以上の「力」を持っています。

そのことを自覚して、他人の心を救い、支える言葉を使っていきたいですね。

Column

思いの強さがあれば チャンピオンにもなれる

金《かね》光《みつ》進《しん》陪《すけ》さんは全日本ラテンチャンピオンで、ダンスの世界ではカリスマ的存在です。

今では競技人口160万人を超えるといわれている社交ダンスの世界ですが、「チャンピオンになるためには何が必要か」「一流の人は毎日何を考えているのか」を知りたくてお話をうかがいました。

金光さんは、大学生の頃からダンスをはじめられたそうですが、「僕の人生はダンス一色です。365日24時間、何をしていてもダンスのことを考えています。食事をしていても、電車に乗っていても、何かダンスに活かせないかと考えています」と、おっしゃっていました。

坂本龍馬が「世に生を得るは事を為すにあり」とのお言葉を残していますが、事を為す一流な人ほど、「ひとつのことをより長い間考え続け、その思いの強さによって結果を出せる」のだと、金光さんのお話から感じました。

金光さんのダンスが人々をより深く感動させることができるのは、「ダンスのことを、誰よりも愛し、思い続けてきたからこそ」なのですね。

第5章

One second's consideration for others would make big change

【行動】

「行動を起こす」ことで、すべてが変わりだす

034

「準備力」は、成功力

友人の旦那様は弁護士をしています。負け知らずの弁護士と聞いて、その理由を聞いてみると、**「うちの旦那さん、裁判の前は土日も、朝夕も関係なく、準備に時間をかけているわ。そこまで準備するのってほどにね。旦那のすごいところは準備力じゃないかしら」**と答えてくれました。

知人の外科のドクターも「手術の結果の99・5％は準備力で決まる」と言っていました。また、広告代理店に勤める知人も「売れている芸能人ほど撮影に入るまでの準備力が違う」と話してくれたことがありました。

結果を出している人は「準備力」の大切さをきちんと理解し、自分が納得するまで準備に時間を掛けるのです。

では、どこまで準備すれば納得するのか。それは、「自分に自信が持てるまで」だと私は考えています。

２０１０年に、「ＴＳＵＴＡＹＡビジネスカレッジ講師オーディション」への出場が決まったとき、当時の話し方教室の先生から「緊張を超えるには、何度も、何度も、何度も、練習を繰り返して、自信をつけるしかない。要は場数です」と教えられました。

先生のアドバイスにしたがって、スピーチ原稿を、何度も、何度も、何度も読んでいると、50回を超えたあたりから、少しずつ自信が湧いてきて「早く、人前で話してみたい！」と思えるようになったのです。

緊張を抑えるためにもっとも効果があるのは、納得のいくまで、自分に自信が持てるまで準備をすること。「これだけ練習したのだから、もう大丈夫！」と思えるくらい準備をしたからこそ、「第3位」という結果をいただけたのだと思います。

「準備力」こそが、緊張した場面で自分の心を支えるカギだったのですね。

「準備の量」と「結果の質」は、正比例する

先日、「無印良品」（株式会社良品計画）の松井忠三《まついただみつ》名誉顧問にお会いしたとき、松井名誉顧問も「講演の前には、万全の準備を整える」とおっしゃっていました。

「人前で話すときは、話す内容はもとより、会場の広さ、照明の暗さ、誰が出席しているか、すべてチェックしたうえで準備をしている」そうです。

また、松井名誉顧問は、週末のどちらかは必ず出社して、「翌週の準備」のために費やしています。**「翌週の準備をしないと安心できない」「準備をしないと、逆に、ストレスになる」という理由をうかがい、「準備の量」と「結果の質」は比例することを教えていただきました。**

以前、松田聖子さんが、テレビ番組で「体調管理のため好きな揚げ物もほとんど食べない」と話していたと記憶しております。

私も、研修の数日前から（研修が数百人以上になる場合は数カ月前から）食事に気を配り、できるだけ消化に良いもの、できるだけ栄養価の高いものをバランスよく食べるようにしています。

また、適度に運動をして、十分に睡眠をとって、コンディションを整えています。ひとりでカラオケボックスに行って、リハーサルを繰り返すこともあります。

以前、研修会社の方から、「研修講師の中には、慣れてくると、準備をおろそかにする先生がいます。ですが松澤先生は、何年も、何百回も登壇しているのに準備を怠らず、いつも気持ちを込めて話してくださいます。そこまでしている人は、登録している講師の３００人の中で松澤さんだけです」と言っていただいたことがありました。

私が「気持ちを込めて」話すことができるとしたら、それは、「これで大丈夫」と思えるまで、「気持ちを込めて」準備をしているからです。

今以上の結果を出したいとするならば、もう一度、自分の「準備量」を見直すことも、大切かもしれません。

035

「やれる！　できる！　大丈夫！」で、限界は超えられる

アイドルグループ「嵐」のハワイライブの様子を収めたドキュメンタリー番組「嵐15年目の告白～LIVE&DOCUMENT～」（ＮＨＫ総合）を観たとき、二宮和也さんの仕事に向き合う姿勢に、私は感動を覚えました。

1日目のステージが中盤に入ったころ、二宮さんは腰を痛めてしまいます。「左足がしびれる」ほどの痛みを訴えながら、それでも、二宮さんは2日間のライブで見事なパフォーマンスを見せました。二宮さんは、痛みをおしてステージをこなしたことを振り返り、次のようにコメントしています。

「僕は、この時間にお金を払ってもらってると思ってるから、その時間を自分たちが

預かっているときに、自分の理由でクオリティーを下げることは許されない」（※9）

「自分の理由で、クオリティーを下げることは許されない」

私も、同じことを思ったことがありました。

数年前、研修の前日にこらえきれないほどの腹痛におそわれ、救急車で運ばれたことがありました。診断の結果は、「結石」です。

激しい痛みと、「生まれてはじめて救急車で運ばれた」というショックで弱気になっていた私は、「これだけ体調が悪いのだから、研修を休んでもしかたない。クライアントも許してくれるだろう」という言い訳と、「痛み止めのクスリを飲めば、翌日の研修に登壇することができるかもしれない。誰にも迷惑をかけずに済むかもしれない」という責任感のはざまで、揺れていました。

病院のベッドの中で答えを出せずにいたとき、思い出したのが、友人から聞いた話です。バレエを習っていた友人は、バレエの先生から「限界は、気持ち次第」であることを教えられたといいます。

発表会で踊ることになっていた先生は、当日、足を痛めてしまいます。足を摩《さす》りながら苦悶の表情を見せる先生に、生徒も、スタッフも「この状態では、舞台に立つのは、さすがに無理だろう」とあきらめかけたそうです。

ところが先生は、自分の出番になると、可憐に、優雅に、美しく踊って見せた。友人は先生の姿に心を打たれ、「人間の限界は、人の気持ちが決める」ことに気づくことができたといいます。

限界は、自分で考えているよりも、もっと先にある

友人から聞いた話を思い出したとき、私の心の中に、不思議と力が湧いてきました。「自分の理由で、仕事に穴をあけることはできない」と前を向くことができたのです。

痛み止めを服用しながら、私は研修をやり終えました。今から思うと、ただただ、必死にやりとげた感じです。でも、その必死な気持ちのおかげか、誰にも体調の悪さをさとられませんでした。

私が仕事に穴をあけなかったのは、「限界を自分で決めなかったから」です。「できる！」と思う意思の力が働いたからです。

このときの経験は、私の大きな自信になっています。**「やれる、できる、大丈夫！」という気持ちを強く持てば、相当の困難は乗り越えられることがわかったからです。**

今なら、へこたれそうなときも、逃げ出すことはありません。「あのとき頑張れたのだから、今回もきっとできる」と前を向けるようになりました。

「もう限界だ。もうできない」と思ったとき、人は言い訳を連ねたり、逃げ出したくなります。もちろん、体調が悪いときは、ドクターの指示にしたがうべきです。

でも、気持ちの面で、逃げ出したくなったときは、「限界は自分の気持ちがつくり出している」ことを思い出してください。最初から、「もうダメだ」と決めつけなくても大丈夫です。

ほんの少しでいいから、行動を起こしてみましょう。私がそうだったように、行動を起こすことではじめて、限界を超えられる実感がわいてくるものなのです。

限界は、自分で考えているよりも、もっと先にあることを忘れないでくださいね。

036

1メートル前に進めなくても、「1センチ」なら前に進める

中学生時代、剣道部に所属していた私は、顧問の先生に「おまえは、試合をする前から負けている」と指摘されたことがありました。

なぜかというと、審判の「はじめ！」の掛け声の直後に、無意識に一歩下がるクセがあったからです。

戦う前から対戦相手の気迫にひるみ、自分から逃げていたのです。

「怖くても、一歩前に出なければいけない。技術ではかなわないのだから、せめて、気持ちで負けないようにしよう」

「強い相手に勝つことはできないかもしれない。けれど、一歩だけ前に出ることはで

きる」

そう思うようになってから、私は少しずつ変わりました。市の大会で3位の成績を収めるなど、「一歩だけ前へ出る勇気」が大きな結果につながるようになったのです。

大きな勇気を持つには、大きな決意が必要です。だから怖くなる。

大きな勇気を持つには、大きな努力が必要です。だから、あきらめたくなる。

けれど、私の一歩がそうだったように、「ほんの一歩だけ前へ出る勇気」なら、誰もができるのではないでしょうか。

変化に必要なのは、大きな勇気を振るうことではなく、「一歩だけ前へ出る勇気」を積み重ねることだと私は考えています。

CA（客室乗務員）の試験に7回も落ちながら、それでも空を飛ぶことができたのは、「一歩だけ前へ出る勇気」を持って、「不合格」になることを怖がらなかったからです。

「無印良品」の松井忠三《まついただみつ》名誉顧問や、LINEの元CEOで現C CHANNEL（株）

代表取締役の森川亮《もりかわあきら》さんにインタビューという形でお会いできたのも、「一歩だけ前へ出る勇気」を持って面会を申し込み、「無名の私に会ってくれるわけがない」という不安な気持ちに蓋をしたからです。

2015年に、私が、フィジーに留学できたのも、「年齢が離れていて、友だちができなかったらどうしよう」という弱気を振り払ったからです。

◯「1センチ」前に進む勇気の積み重ねが、未来をつくる

前著『100%好かれる1%の習慣』の販促のため、私は全国の書店さんに電話をかけました。

「『100%好かれる1%の習慣』という本の著者で松澤萬紀と申します。手書きのPOPをつくったので、お送りしてもよろしいでしょうか?」

面識のない人に電話をかけるのは、とても勇気がいります。「断られたらどうしよう」と躊躇したくなる。けれど、「一歩だけ前へ出る勇気」を持って電話をかけた結果、たくさんの書店さんから好意的なお返事をいただくことができました。

発売の翌年、広島県にあるTSUTAYA東広島店の店長さんは、「長年、店長をやっていますけど、著者の方から、手書きのPOPを送りたいとお電話をいただいたのは、松澤さんがはじめてです。ぜひ応援させてください」といって、後日、サイン会を開いてくださいました。

広島でのサイン会は、私にとって、とても特別な意味があります。なぜなら、東広島市は、亡き母の故郷だったからです。

小さな勇気が私と母をつなげてくれた。そんな気がしています。

新しいこと、慣れないこと、はじめてのことに取り組むとき、不安な気持ちがもたげてくることがあります。そんなとき私は、いつも、自分に言い聞かせています。

「たとえ大きな勇気は持てなくても、小さな勇気なら持てるはず。1メートル前に進むことができないのなら、1センチでもいいから前に進もう」

少しでいいから、自分から行動してみる。少しでいいから、今日の自分にできることをしてみる。

その「小さな勇気の積み重ね」が、大きな未来につながることを信じてみてくださいね。

037

相手を責めるより前に、「自分を見直す人」が成功する

小学校の校長先生をしている従兄（従姉妹の夫）に、「良い先生と悪い先生の違い」について聞いてみたことがあります。

従兄は、「問題が起こったときに『自分を戒《いまし》める』のが良い先生。『生徒や保護者を責める』のが悪い先生」だと教えてくれました。

たとえば、生徒の成績がなかなか上がらなかったとき、良い先生は、「自分の教え方に問題があったのかもしれない。もっと工夫をしてみよう」と自分の中に原因を見つけようとします。一方で、悪い先生は、「教えたとおりにやらないから成績が上がらない。親が悪いのかもしれない」と生徒や保護者（自分の外）に原因を見つけようとします。

良い先生は、「自分にできることは何か」に焦点を当てて考えるので、常に改善が進み、授業の質も、生徒の成績も上がっていくのだそうです。

『アメリカズ・ネクスト・トップ・モデル』（アメリカ・CWネットワーク）は、次世代のモデルを発掘するオーディション番組です。

プロのモデルを夢見る候補者を募り、課題を与え、点数を付け、成績の悪い候補者を落選させるルールです。

たまたま、その番組を見ていた私は、「2人1組で3D写真を撮影する」という課題に臨む候補者を見て、あることに気がつきました。それは、点数の低いチームは、2人とも自己主張が強く、「自分を変えようとはしなかった」ことです。

2人1組である以上、互いに協力し合い、譲り合って、2人の息を合わせなければいけません。

ところが、点数が低いチームは、「ベストショットが撮れなかったのは、相手が協力してくれなかったから」と、お互いに相手を責める発言ばかりしていました。これではいい結果が残せるはずはありません。

◯他人の行動は変えられない。変えられるのは「自分の行動」だけ

少し専門的になりますが、心理学に、「ローカス・オブ・コントロール（locus of control）」という概念があります。ローカスとは、「所在」という意味で、「統制の所在」などと訳されます。

この概念は、自分の行動をコントロールする「意識の所在」を、「自分」と「他」に分類する考え方です。

「コントロールする力が自分にある」と考える【自己解決型】、「コントロールする力が外部にある（環境や他人の行動など）」と考える【他者依存型】に分かれます（※10）。

コントロールする力を「自分の内部」に持っている人のほうが、成果を上げやすいと思います。

「自己解決型」は、物事が失敗に終わった場合でも、「責任は自分にある」と考え、「次は失敗しないようにしよう」と行動を変えようとします。

ところが、「他者依存型」は「自分に非はない」と考えているので、自分の行動を

変えようとはしません。ですから、似たような失敗を繰り返しがちになります。

他人を変えることはできないのですから、結果を変えたいのなら「自分が変わる」しかありません。

上司に怒られるたび、言い訳をしたり、自分のミスをまわりのせいにしていると、あなた自身の評価を下げるだけです。失敗をしても反省をせず、「他責《たせき》（他人の責任）」で考えている以上、成長も改善も期待できないでしょう。

もし、人間関係のトラブルや仕事上のミスに見舞われたら、次の質問を思い出してください。

「この問題の責任が私にあるとしたら、何を変えれば解決できるだろう」

問題の原因を「自分の責任」ととらえれば、「この問題に対して自分は何ができるだろう？」と考えられるようになります。その結果、自分でコントロールできる範囲が、どんどん広がって、解決に至る道筋が見えてくるのです。

さて、あなたは、相手ばかり責めていませんか？

038

「全員でする文化」をもつ

友人のライター渡邊里衛《わたなべりえ》さんが、飛行機の搭乗間際に「マタニティ・マーク・タグ（妊娠していることをまわりの人に伝え、配慮してもらいやすくするためのマーク）」をもらおうと思い、グランドスタッフに声をかけました。

通常、マタニティ・マーク・タグは、空港カウンター（チケットカウンター）に用意されているので、搭乗ゲートにあるとはかぎりません。

元CAだった渡邊さんは、そのことをわかっていましたが、「もしや」と思い、搭乗ゲートにいたスタッフに申し出てみました。

「出発前の忙しいときに、すみません。『もしあったら』でいいのですが、マタニティ・マーク・タグをいただけますか？　ここになかったら大丈夫です」

やはり、タグは見つかりませんでした。スタッフは、「空港ラウンジや別のゲートも探してみたのですが、あいにく、近くにありませんでした。本当に申し訳ございません」と頭を下げたそうです。

渡邊さんは「こちらこそ、無理を言ってしまい、すみません！　探してくださってありがとうございました。『もしあったら』と思っただけなので、お気になさらないでください」とお礼を述べてから、機内に乗り込みました。

出発の準備が整い、飛行機のドアがクローズし、渡邊さんが「さぁ、出発」と思った矢先、ＣＡが話しかけてきたそうです。

「渡邊さまでいらっしゃいますか？　ご懐妊おめでとうございます。地上スタッフからのお届け物です。お気をつけて行ってらっしゃいませ」

渡邊さんが受け取ったのは、なんと、マタニティ・マーク・タグでした。

おそらく、何人かのスタッフが連絡を取り合って、リレーのバトンを託すように、機内にタグを届けたのでしょう。

渡邊さんにとって何よりも嬉しかったのは、「タグがもらえた」ことではありません。自分のために、多くのスタッフがひとつになってくれたことです。「チームワーク」によって結実した「心づかい」に、渡邊さんは心を打たれました。

点と点、人と人がつながって線になり、部署や職種を超えて連携した結果、渡邊さんに大きな感動をもたらしたのです。

「ひとりはみんなのために、みんなはひとりのために」

ラグビー界の有名な言葉で「one for all, all for one（ひとりはみんなのために、みんなはひとりのために）」という言葉を教えていただいたことがあります。チームワークや協調心の大切さを教える言葉です。

CAの仕事も、「one for all, all for one」です。私が勤務していたANAには、「全員でするという文化」が根付いていました。

同期が搭乗していた便に「あるマラソン大会で1位になった」という男性が搭乗さ

れたことがあります。この方、齢《よわい》100歳。優勝のお祝いに、クルーでキャンディー・レイ（キャンディーの首飾り）をつくって、プレゼントしたそうです。お客様は目を丸くして喜んでくださいました。

優勝の喜びと、その思いがけないCAからの贈り物に、お客様にとっては、きっと何倍もの喜びとなったのではないでしょうか。

また、あるとき、デ・ブリーフィング（到着後のミーティング）が終わったあと、

「松澤さん、お疲れさま。ハイ、これ」

と渡されたのは、「メッセージ入りのバースデーカード」でした。じつは、その日は、私の誕生日だったのです。そのことを知ってCAのみならず、機長も、副操縦士も、みんなが書いてくれた「おめでとう」のサプライズ。そのあたたかさに触れて、私はその場で泣いてしまいました。「私」のために、しかも、その日、はじめて一緒に搭乗したクルー全員が思いを寄せてくれたことが、何よりも嬉しかったのです。

「誰かのために全員が団結して力を発揮する」それは、単純な足し算ではなく、「掛け算」となって、何倍もの喜びを、相手に届けてくれるのですね。

おわりに

「気がきく」とは、やさしさを、【行動・言葉・態度で表現する】こと

多くの人が、「気がきく人」になりたいと、思っているのではないでしょうか？
上司に対して、部下に対して、お客様に対して、家族に対して、友だちに対して、恋人に対して、「気がきく人」でありたい。

なぜなら、それは、決して特別な気持ちではなく、人が本来持っている「人を幸せにしたい」と願う本能からきているように思うのです。

『ありがとうの神様』（ダイヤモンド社）の著者である小林正観さんは、本の中で「喜ばれると嬉しいという本能は『ヒト』にだけ与えられているもの」と書かれています。

あらゆる動物の中で、人間だけが、「意識的に人を笑顔にできる生き物」なのです。

私が、はじめて「気がきく人」になりたいと思ったのは、18歳の頃でした。私は、5歳の頃に母を病気で亡くしているので、母親のことをほとんど覚えていないのです。

ですので、母親のことを知っている人に「私のお母さんってどんな人だった？」と質問することがあります。18歳のある日、叔母にこの質問をしてみました。

「私のお母さんってどんな人だった？」

そうすると、叔母はこう答えたのです。

「萬紀ちゃんのお母さんはね、とっても『気がきく人』だったのよ」

「どう気がきいていたの？」

「あのね、おばさんの家族が、萬紀ちゃんの家の近くに引っ越して来た日にね、萬紀ちゃんのお母さんが、お鍋いっぱいのおでんをつくってきてくれたの。引っ越しのバタバタで、ご飯をつくる時間がないと思って『おでん』をつくってきたよって。おばさんね、引っ越しで疲れていたし、寒い日で、あたたかいものを食べたかったから、萬紀ちゃんのお母さんがつくってきてくれた『おでん』が、すごく嬉しかったんだよ」

叔母は、当時のことを思い出しながら、笑顔で、嬉しそうに、この話を私にしてくれました。私は、叔母の話を聞いたときに、「私のお母さんって人を笑顔にできる素敵な人だったんだな」と心があたたかくなり、話を聞きながら嬉しくなりました。

そして、**「人は、人から受けた、さりげないやさしさを、いつまでも忘れないで、心の中で嬉しいと思い続ける生き物なのだ」**と、何十年も前の「おでん」のことを覚えている叔母を見て思ったのです。

この「おでん」の話を聞いて以来、私も「気がきく人」になって、母のように、誰かを笑顔にしたいと思うようになりました。

500万人のお客様とANAから学んだ、大切なこと

でも、「気がきく人」になりたいと思っても、どうしたらなれるのか、18歳の私にはわかりませんでした。

そこで、母をはじめ「気がきく人」を真似ることからはじめてみたのです。そういった意味では、私が12年間お世話になったANAではたくさんの素敵な人々に出会い、本当に、多くのことを学ばせていただきました。

ANAには、「気がきく」上司、先輩、後輩、同期がまわりに、たくさんいました。そして、機内で出会わせていただいた500万人のお客様が私の先生であり、私にとっては、とても恵まれた環境だったと思います。

「私からの指示を待たずに、先を読んで行動を起こしてくれる後輩」
「仕事でミスして落ち込んでいる私を、言葉で元気づけてくれる先輩」

「自信を失ったときに、あたたかく包み込み導いてくださった上司」
「機内で離ればなれの席になって困っている親子のため、席を変わってくださったお客様」
「入社当時、訓練生バッチを付けてフライトしていた新米ＣＡの私に、エールをくださったお客様」

目を閉じると、あの頃、フライトの中で出会えた人から受けた、多くの「やさしさ」が、昨日のことのように思い出されます。

そして、その「やさしさ」は、決して色あせることがないのです。

「気がきく」とは、やさしさを、行動・言葉・態度で表現すること

「気がきく」ということは、相手を思う気持ち、「やさしさ」「思いやり」「気づかい」を、行動・言葉・態度で表現することなのだと、私は、ＡＮＡで学ぶことができました。

本書の編集担当者の飯沼一洋さんも、そのひとり。

前作『100%好かれる1%の習慣』から、飯沼さんは私の本の編集を担当してくださっています。

私にとって、前作は人生ではじめて書く本。その当時、どのように本を書いていいのか、「目次づくり」からして、まったくわかりませんでした。そんな不安な気持ちでいっぱいだった私の気持ちを楽にしてくださったのが、飯沼さんの一言でした。

「松澤さん、プロである、私がついています。絶対に、大丈夫ですよ！」

この「絶対に、大丈夫ですよ！」という「一言」に、不安で押しつぶされそうだった私の心が、どれほど救われたかわかりません。「大丈夫！」という言葉が、当時の私には、いちばん必要な言葉だったことに、きっと、飯沼さんは、気づいていたのでしょう。

時々、「気がきく人になりたいけど、どうしたらいいのかわからない」と、研修後、受講生の方々から相談されることがありますが、

あなたが、ほんの少しでも、「目の前の人を笑顔にしたい」「人の役に立つことをしたい」と願って、行動を起こしているのなら、その瞬間から、あなたは「気がきく人」のはじまりです。

大きなことをしようとするよりも、むしろ日々の「小さなことの積み重ね」こそが、人の心をあたたかくするような気がします。

「相手を元気にするような笑顔で接する」
「相手の心が明るくなるような挨拶をする」
「相手が喜ぶような思いやりの言葉をかける」
「自分がされて嬉しかったことを次は自分が誰かにする（人の良いところをすぐに取り入れる）」

そこから、はじめればいいのです。

◯「1秒の行動」ができている人は、わずかに1%

「はじめに」で前述しましたが、**ハーバード大学が「人生を幸せにするのは何？」をテーマに、最も長期に渡り、75年間、724人の男性を研究した結果は……、**

「良い人間関係に尽きる」

というものでした（ハーバード大学医学部臨床教授ロバート・ウォールディンガー「1938年から続くハーバード成人発達研究の第4代責任者」の報告より（※2））。

「良い人間関係」は、1日にしてつくることはできないかもしれません。でも、「相手を大切にしたいという気持ちを持ちたい」と意識することは「1秒」あれば十分です。

そして、「気がきく人になりたい」、そう思った瞬間から、きっと、きっと、あなたの「人間関係」は、「未来」は、少しずつ、そして素晴らしく、変わりはじめます。私の人生がそうだったように、あなたの人生も、必ず、変わりはじめます。

本書で、何度も述べたように、たった「1秒の行動」「1センチの行動」から、はじめればいいのです。でも、実際に、できている人は、たったの1%。さぁ、あとは、「やるか、やらないか」です。

あなたの「気のきいた」行動・言葉・態度が、人間関係を良好にし、あたたかな愛に満ちあふれた毎日になりますようにと、願いを込めて、心を込めて、本書を書かせていただきました。

まだまだ未熟な私で、反省することも多くありますが、そんなときは、私自身も、本書を「自分への戒《いまし》め」として読み返したいと思います。

最後までお読みいただき、本当にありがとうございます。

そして、最後になりましたが、こうして、本書を出版させていただくにあたり、多大なる感謝をお伝えさせていただければと思います。

　私とダイヤモンド社をつないでくださった「我《が》究《きゅう》館《かん》」創業者である故・杉村太郎さん、本書の作成に多大なるご助力をいただきましたクロロスの藤吉豊さんと斎藤充さん、カメラマンの野口修二さん、メイクアップアーティストの森《もり》清《さや》華《か》さん、書道家の山田華子さん、書店のＰＯＰに素敵なイラストを描いてくださった北川舞衣さん、いつも応援してくださる書店員の皆様、出会わせていただいた５００万人のお客様、いつも笑顔で応援してくれる友人たち、私にとって大切な家族のような存在のダイヤモンド社の営業部の皆様、特に、井《いの》上《うえ》直《ただし》局長には、くじけそうなときも、太陽のようにいつもあたたかく見守っていただきましたこと、心から感謝しております。

　そして、前作に引き続き、心を込めて、本書の編集を担当していただきましたダイヤモンド社の飯沼一洋さんには、そのプロフェッショナルなお仕事に、多くのことを学ばせていただきました。また、同じ編集部の土江英明さん、田中泰さんにもご助力いただきました。記して、感謝申し上げます。

そして、最後の最後に、私の大切な家族に、「いつもありがとう」と伝えたいと思います。

2016年7月　初夏のまぶしい太陽に照らされながら……。

ホスピタリティー・マナー講師　松澤《まつざわ》萬紀《まき》

【引用&参考文献】

（※１）２０１１年／カナダ「レジェ・マーケティング」の調査結果
２０１４年／アメリカ「ギャラップ・インターナショナル」と「ＷＩＮ」の共同調査結果より
（※２）www.ted.com【人生を幸せにするのは何？　最も長期に渡る幸福の研究から】
ロバート・ウォールディンガー（日本語翻訳：Reiko Bovee）２０１５年12月より引用&参照
（※３）www.dailymail.co.uk「MailOnline」【How to tell a good sole: You really can judge a person by their shoes】By EDDIE WRENN　２０１２年６月18日：より引用&参照
（※４）CNN.co.jp【スタバで他人にコーヒーをおごる2日間で７５０人】２０１４年８月22日：参照
（※５）『井上ひさしと１４１人の仲間たちの作文教室』（井上ひさし／新潮文庫）より引用&参照
（※６）「職場のパワーハラスメントに関する実態調査」／厚生労働省調べより
（※７）「第一印象に関する意識についての調査・研究」
名古屋経営短期大学・西川三恵子・２００３年：参照
（※８）www.indianexpress.com「JOURNALISM of COURAGE ARCHIVE」【washing hands can make you optimistic】２０１３年10月25日：参照
（※９）「嵐15年目の告白～LIVE&DOCUMENT～」（ＮＨＫ総合）より引用&参照
（※10）グロービス・マネジメント・スクール「ＭＢＡ用語集」参照

[著者紹介]
松澤萬紀（まつざわ　まき）

日本ホスピタリティー・マナー研究所・代表。

幼少期よりCA（客室乗務員）に憧れ、８回目の試験で念願のCAに合格。

ANA（全日空）のCAとして12年間勤務する。

トータルフライトタイムは8585.8時間（地球370周分）。

在職中に、「社内留学制度」に合格し、西オーストラリアに留学。現地学生とともに「ホスピタリティー」を学ぶ。

ANA退社後は、ホスピタリティー・マナー講師、CS（顧客満足度）向上コンサルタントとして活動。関西人ならではのユーモラスな講義で、過去最多の年は、年間登壇回数200回以上。総受講者数は、２万人以上。リピート率は97％に達し、１年後の研修も決まっている。

「礼法講師」資格、「日本メンタルヘルス協会公認心理カウンセラー」資格も持ち、「笑顔と思いやりからはじまるマナー」を、「３つのK（行動・気づき・心）」ですぐに行動化できることを目的とした人財育成を行う。

「新入社員研修」「管理職研修」「接遇研修」などを中心に、幅広い層に対して豊富な研修実績を持つ。とくに「新入社員研修」に関しては定評があり、100％のリピート率をほこる。また、企業研修のみならず、高校、大学でも講座を行った経験があり、毎回、大好評を博している。

また、読売テレビ「ミヤネ屋」、乃木坂46の番組である日本テレビ「NOGIBINGO! 5」・「news every.」、TBSテレビ「はなまるマーケット」、ラジオ「J-WAVE」などへの出演、毎日新聞にも掲載されるなど、メディアでも活躍中。著書に、15万部を突破した『100％好かれる１％の習慣』、『【図解】100％好かれる１％の習慣』があり、台湾や韓国でも、翻訳され、人気を博している。本書も台湾で発売されている。

【連絡先】
日本ホスピタリティー・マナー研究所
代表　松澤萬紀
http://www.matsuzawa-maki.com

1秒で「気がきく人」がうまくいく

2016年7月7日　第1刷発行
2019年12月6日　第9刷発行

著　者――松澤萬紀
発行所――ダイヤモンド社
〒150-8409　東京都渋谷区神宮前6-12-17
http://www.diamond.co.jp/
電話／03･5778･7227（編集）　03･5778･7240（販売）
装丁――――布施育哉
撮影――――Studio Vamos 野口修二
ヘア＆メイク――森 清華
編集協力――藤吉 豊（クロロス）
本文デザイン･DTP――斎藤 充（クロロス）
製作進行――ダイヤモンド・グラフィック社
印刷――――勇進印刷（本文）・加藤文明社（カバー）
製本――――ブックアート
編集担当――飯沼一洋

©2016 Maki Matsuzawa
ISBN 978-4-478-06893-9
落丁・乱丁本はお手数ですが小社営業局宛にお送りください。送料小社負担にてお取替えいたします。但し、古書店で購入されたものについてはお取替えできません。
無断転載・複製を禁ず
Printed in Japan

本書の感想募集　http://diamond.jp/list/books/review
本書をお読みになった感想を上記サイトまでお寄せ下さい。
お書きいただいた方には抽選でダイヤモンド社のベストセラー書籍をプレゼント致します。

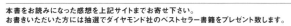

◆ダイヤモンド社の本◆

毎日の行動を「1％」変えれば あなたの人生が変わる！

客室乗務員12年。テレビや新聞でも紹介された「100％好かれる１％の習慣」が39個。地球370周分のフライトをする中で出会った一瞬で好かれる人々。彼らがしていたのは、むずかしいことではありません。誰でもできる「たった１％の習慣」で、人生は180度好転します！

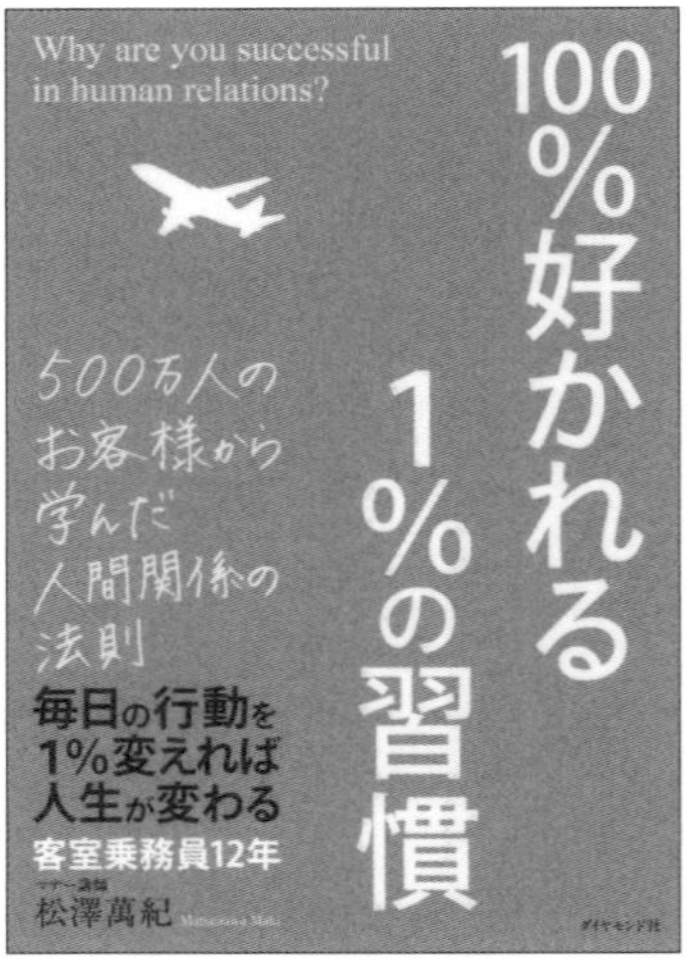

100％好かれる１％の習慣

松澤萬紀［著］

●四六判並製●定価（本体1400円＋税）

http://www.diamond.co.jp/